MILCH &
MOOS

SINA SCHWARZ · THERESA WISSMANN

Im Vorbeigehen,
im Schauen, scheint alles zufällig,
aber auf wundersame Weise
mit Schönheit besprenkelt zu sein.

VIRGINIA WOOLF

SINA SCHWARZ · THERESA WISSMANN

MILCH & MOOS

VOM WANDERN UND GUTEN ESSEN
BRANDENBURG

EDITION TERRA

INSELGLÜCK UND BLÜTENMEER

WEITE BLICKE UND KLARE BRÄNDE

BADESEEN UND OFENDUFT

HEIDEKRAUT UND ZIEGENMILCH

SELTENE SORTEN UND ALTE ALLEEN

VOM WANDERN UND GUTEN ESSEN

Steigt man in den Zug und fährt raus aus Berlin, landet man in Brandenburg. Aus purer Wanderlust haben wir eines Tages die Schuhe geschnürt und sind losgelaufen. Und weil Gehen hungrig macht, gehört für uns zu jedem Ausflug ein gutes Picknick dazu. Auf der Suche nach dem perfekten Proviant haben wir uns gefragt, wo unsere Lebensmittel herkommen und wie sie gemacht werden — und dabei festgestellt, dass es im Berliner Umland rund ums Wandern und Essen ziemlich viel zu entdecken gibt.

Immer wieder erleben wir, dass Brandenburg für kleine Stadtfluchten alles bietet, was man sich wünscht. Es warten tiefe Wälder, idyllische Pfade am Wasser, versteckte Badestellen und sandige Barfußwege auf uns. Knorrige Kopfsteinpflaster-Alleen, blühende Wiesen und der Blick über weite Felder und sanfte Hügel begeistern uns ebenso sehr wie ursprüngliche alte Buchenwälder mit UNESCO-Prädikat. Manche Strecken führen zu mittelalterlichen Burganlagen, über strandähnliche Sanddünen und auch mal durch Kiefernforst. Fast immer blitzt zwischen den Stämmen bald einer der über 3.000 Seen durch und verheißt Erfrischung.

Uns sind dort außerdem Menschen begegnet, die mit viel Herzblut ihrer Vision folgen und in Handarbeit fantastische Lebensmittel fertigen aus dem, was Acker und Weide hergeben. Wir durften über so manche Schulter schauen, haben inspirierende Geschichten gehört und wollen euch davon erzählen.

Für jede Jahreszeit haben wir ein bestimmtes Thema gefunden: Im Januar wärmt Whisky die frierenden Glieder und Kunst am Wegesrand tröstet über kahle Felder hinweg. Im Mai sind die Bienen besonders emsig und ein Flusslauf wird zum willkommenen Wanderbegleiter.

Besonders spannend wird es für uns immer dann, wenn Landschaft und Lebensmittel miteinander in enger Beziehung stehen. Es hat etwas Ursprüngliches, den Wein aus Äpfeln der eben durchwanderten Streuobstwiese zu trinken oder im Ziegenkäse die blühende Heidelandschaft zu schmecken, in der die Tiere weiden.

In diesem Buch findet ihr Anregungen, wie ihr einen Tag oder gleich ein ganzes Wochenende im Grünen verbringen könnt. Wir zeigen euch unsere liebsten Wandertouren, kulinarischen Entdeckungen und die Hersteller dahinter. Jedes der acht Kapitel beginnt mit einem Hofportrait, dann folgen konkrete Ideen für Ausflüge in die Region. Weiter geht es mit genauen Wegbeschreibungen, passenden Übernachtungsempfehlungen und Einkehrtipps. Die Wanderungen können einzeln oder in Kombination mit anderen Etappen als Mehrtagesausflüge unternommen werden, An- und Abreise sind mit öffentlichen Verkehrsmitteln machbar. Und damit ihr euch überall gut zurechtfindet, gibt es auf www.milchundmoos.de/tracks alle Wanderungen als GPS-Download zum Navigieren für unterwegs.

Hinter »Milch & Moos« stehen Sina und Theresa →S. 216. Auf unserem Blog geht es seit 2016 ums Wandern und gutes Essen. Alle hier im Buch versammelten Hersteller, Wandertouren und sonstigen Tipps sind unser ganz persönliches Best-of, selbstverständlich ohne Anspruch auf Vollständigkeit. Und ja, tatsächlich haben wir sogar einen Ausflug nach Mecklenburg-Vorpommern ins Buch gemogelt. Ausflugsbücher sind Zeitdokumente, Lebenswege ändern sich. In Gerswalde wird nun kein Fisch mehr geräuchert, denn Fischmann Micha ist Richtung Schwarzwald aufgebrochen. Der Besuch in Gerswalde lohnt sich weiterhin, für die aktualisierte Ausgabe haben wir unsere Tourempfehlungen angepasst.

UND JETZT: PICKNICKDECKE EINGEPACKT UND RAUS MIT EUCH! DRAUSSEN SCHMECKT'S BESSER!

PRODUZENTEN UND WANDERUNGEN
AUF EINEN BLICK

* Ab 2021 ist der Produzent nicht mehr vor Ort,
es gibt dort aber viel Neues zu entdecken.

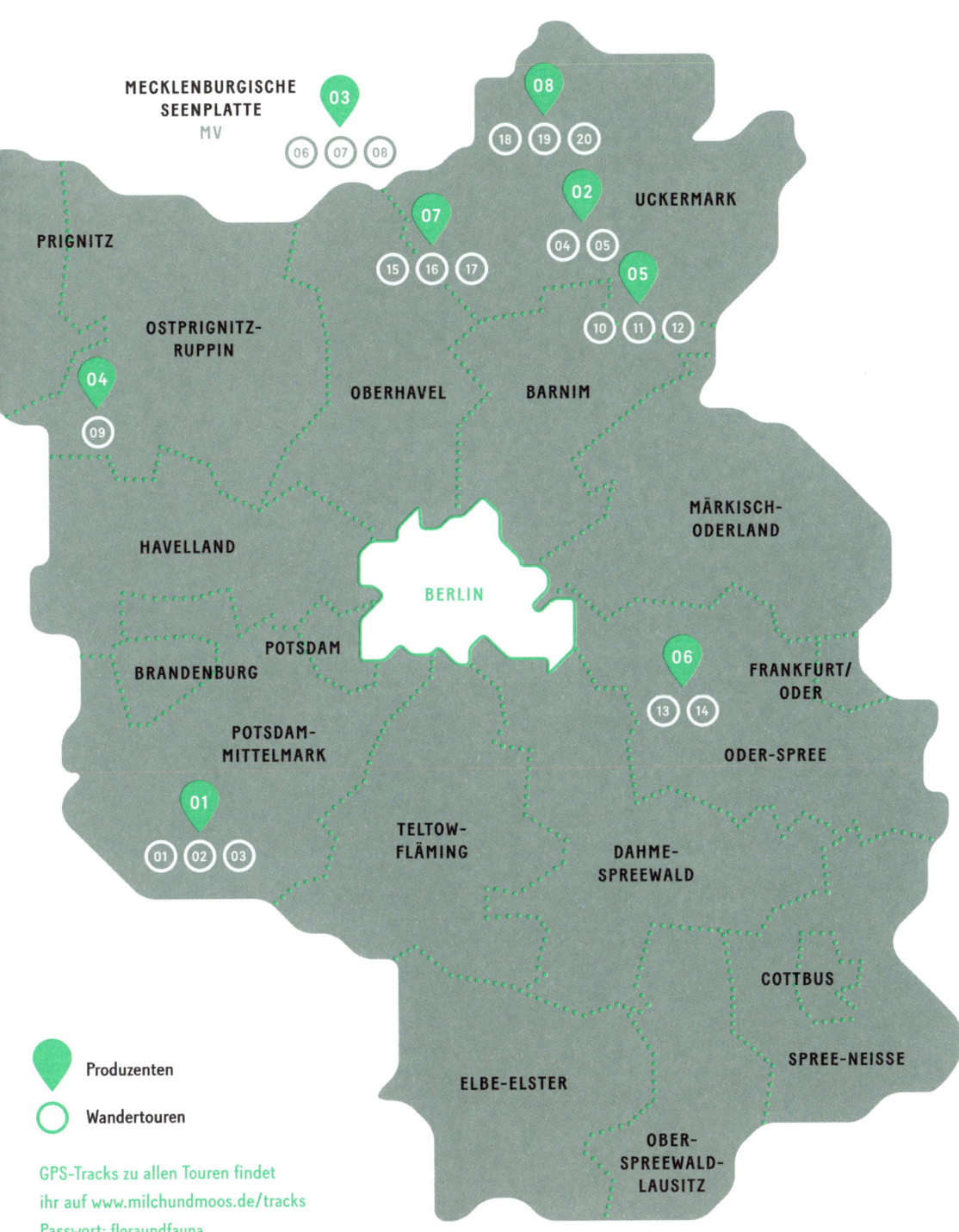

MECKLENBURGISCHE
SEENPLATTE
MV

03

06 07 08

08

18 19 20

02

UCKERMARK

04 05

07

15 16 17

05

10 11 12

PRIGNITZ

OSTPRIGNITZ-
RUPPIN

04

09

OBERHAVEL

BARNIM

MÄRKISCH-
ODERLAND

HAVELLAND

BERLIN

POTSDAM

06

FRANKFURT/
ODER

13 14

BRANDENBURG

POTSDAM-
MITTELMARK

ODER-SPREE

01

01 02 03

TELTOW-
FLÄMING

DAHME-
SPREEWALD

COTTBUS

SPREE-NEISSE

Produzenten

Wandertouren

ELBE-ELSTER

OBER-
SPREEWALD-
LAUSITZ

GPS-Tracks zu allen Touren findet
ihr auf www.milchundmoos.de/tracks
Passwort: floraundfauna

ALLE WANDERTOUREN

NR	START	ZIEL	LÄNGE (VARIANTE)	REINE GEHZEIT	BESONDERHEIT	BADESTELLEN	THERME
01	Wiesenburg	Bad Belzig	20 km	5·00 h	·	·	💧
02	Wiesenburg	Bad Belzig	17 km	4·15 h	·	·	💧
03	Bad Belzig	Bad Belzig	20 km	5·00 h	○	·	💧
04	Gerswalde	Gerswalde	17 km	4·15 h	○	〰	·
05	Gerswalde	Seehausen	15 km	3·45 h	·	〰	·
06	Wesenberg	Forsthaus	20 km	5·00 h	∞	〰	·
07	Forsthaus	Carpin	28 km (20 km)	7·00 h	∞	〰	·
08	Carpin	Neustrelitz	17 km	4·15 h	∞	·	·
09	Hohenofen	Kyritz	20 km	5·00 h	☼	〰	·
10	Wolletz	Wolletz	16 km (21 km)	4·00 h	☼ ○	〰	·
11	Altkünkendorf	Angermünde	12 km	3·00 h	☼	〰	·
12	Angermünde	Criewen	26 km	6·30 h	·	·	·
13	Bad Saarow	Wendisch Rietz	24 km (12 km)	6·00 h	·	〰	💧
14	Wendisch Rietz	Wendisch Rietz	20 km (26 km)	5·00 h	○	〰	💧
15	Fürstenberg	Annenwalde	27 km (17 km)	6·45 h	·	〰	·
16	Annenwalde	Templin	15 km	3·45 h	·	〰	💧
17	Lychen	Templin	24 km (14 km)	6·00 h	·	〰	💧
18	Fürstenwerder	Kraatz	9 km	2·15 h	·	〰	·
19	Fürstenwerder	Boitzenburg	19 km	4·45 h	·	〰	·
20	Boitzenburg	Boitzenburg	13 km (7 km)	3·15 h	○	〰	·

○ Rundtour　　∞ nur als Kombitour per ÖPNV erreichbar　　☼ ÖPNV oder Fähren nicht im Winter

Tagestouren für Einsteiger

Besondere Unterkünfte

Winterausflüge mit Wellness

Tagestouren für Kilometerzähler

GPS-TRACKS ALLER TOUREN

Für jede unserer Touren gibt es einen passenden GPS-Track, der kostenfrei auf unserer Website heruntergeladen werden kann. Auf dem Smartphone geöffnet, liefert er die detaillierte Wanderkarte zum Text. Eine Schritt-für-Schritt-Anleitung dazu gibt es ebenfalls hier:

WWW.MILCHUNDMOOS.DE/TRACKS
PASSWORT: floraundfauna

Mehr Informationen hierzu findet ihr auf S. 212.

LEGENDE WANDERTOUREN UND AUSFLÜGE

○ Rundtour

∞ nur als Kombitour per ÖPNV erreichbar

☼ ÖPNV oder Fähren nicht im Winter

≋ Bademöglichkeit auf dem Weg

⌂ Tour oder Ausflug vorbei am Hof

👁 besondere Sehenswürdigkeit am Wegesrand

✋ Ausflug mit Aktivitäten

💧 Thermen- oder Saunabesuch möglich

KUPFERKESSEL UND SKULPTUREN

Der *Hohe Fläming* ist kein besonders seenreiches Wandergebiet. Dafür trumpft er auf mit herrlicher Landschaft, trutzigen Burgen, dem weit und breit höchsten Gipfelkreuz — und mit Kunst am Wegesrand! Hier gibt es selbst dann viel zu entdecken, wenn die Natur Winterschlaf hält. Eine Entdeckung und gleichzeitig eine Lehrstunde ist für uns auch der Besuch der *Old Sandhill Whisky* Destillerie in Bad Belzig. Von Tim Eggenstein erfahren wir hier alles darüber, wie man Whisky macht. Und auch, dass sich Bier und Whisky viel ähnlicher sind, als wir bisher dachten.

OLD SANDHILL WHISKY
BAD BELZIG · NATURPARK HOHER FLÄMING · POTSDAM-MITTELMARK

I

Im Sudhaus liegt ein malzig-würziger Geruch in der Luft, durch ein großes Fenster fällt Licht auf zwei bauchige Kupferkessel und bringt sie zum Glänzen. Wir folgen Tim Eggenstein durch sein Reich aus brodelnden Tanks und polierten Kesseln. Seit 2012 fertigt der junge Mann nur wenige Schritte unterhalb der mächtigen Burg Eisenhardt Single Malt Whisky. Das alte Gemäuer der Brennerei war als Hospital erbaut worden, das Nebengebäude diente als Gefängnis. An der Straße vor dem Hof weist eine verwitterte Postmeilensäule den Weg, einst kreuzten sich hier wichtige Handelsrouten. Bei so viel Geschichte an diesem Standort verwundert es nicht, dass auch der Name der Destillerie auf vergangene Zeiten verweist: *Old Sandhill* bezieht sich auf die um die Burg entstandene Ortschaft Sandberg, die heute zu Bad Belzig gehört. Die Eggensteins haben hier einen Ort geschaffen, der einlädt anzuhalten und einzukehren. Mit der ganzen Familie betreiben sie ein Wirtshaus, eine Brauerei, ein Eiscafé und die Brennerei.

Schritt für Schritt weiht uns der Junior nun in die Geheimnisse des Whiskymachens ein. Dabei überrascht uns, dass er für den Whisky zunächst die gleichen Geräte und Rohstoffe verwendet wie für die Bierproduktion: »Im Prinzip stellt man ja, wenn man Whisky macht, erstmal ungehopftes Bier her.« Am Anfang steht dabei gemälzte Gerste, also Getreide, das kontrolliert gekeimt hat und dadurch bestimmte Enzyme enthält, die für den Stärkeabbau wichtig sind. Frisch geschrotet wird sie in den zwei Sudkesseln mit heißem Wasser vermengt, »eingemaischt«, und Enzyme spalten die Stärke in Zucker auf. Hier nun hat der Belziger Brenner die Wahl: »Jetzt entscheiden wir, was für ein Produkt wir machen. Wollen wir ein Bier herstellen, dann geht's zurück in die Pfanne. Dann kommt der Hopfen hinzu und wird gekocht, und geht anschließend in den Gärbereich.« Er weist mit seinem Blick in den Nachbarraum, wo die Gärtanks hörbar vor sich hin blubbern. »Wenn wir jetzt aber eine Whisky-Maische herstellen, dann lassen wir den Schritt mit dem Hopfen aus und vergären direkt, mit einer Whisky-Hefe.« Eggenstein verwendet eine obergärige Hefe, die, wie der Name sagt, im oberen Teil des Tanks arbeitet und für fruchtige, bananige Noten sorgt. So ähnlich wie beim Weizenbier.

Wenn die Hefe den Zucker vergoren hat, geht es ans Destillieren. Stolz führt uns der Brenner hinüber zur kupferglänzenden Destille. Hier werden

Alkohol und Wasser getrennt. Das Prinzip ist einfach: Alkohol verdampft bei 70, Wasser erst bei 100 Grad Celsius — beim Erhitzen des Gemisches steigen die Alkoholdämpfe also als erstes hoch. Durch ein System aus sogenannten Glockenböden entsteht eine sich wiederholende Abfolge aus dem Aufsteigen der heißen Dämpfe, Abkühlen, Kondensieren am Metall und Zurückfließen. Dabei wird der Alkohol konzentriert und auch von unerwünschten Geschmacksstoffen gereinigt. Im Kühler verflüssigt sich der Dampf dann endgültig und das Destillat fließt ab. Dabei muss der Brenner sorgsam den Vor- und Nachlauf vom Mittellauf trennen. Nur Letzterer, das hochwertige Herzstück, wird ins Fass abgefüllt.

Im oberen Stockwerk werfen wir einen Blick in das Lager. Akkurat aneinandergereiht ruhen die Holzfässer unter dem Dachstuhl. Per Definition muss Whisky wenigstens drei Jahre lagern, bei *Old Sandhill* reift er mindestens fünf Jahre. In Fässern aus deutscher und amerikanischer Eiche und in alten Bordeaux-, Sherry- und Portweinfässern, die für besondere Aromen im Whisky sorgen. Bei der Geschmacksbildung spielt auch das alte Gebäude wieder eine Rolle, die Wände im Obergeschoss sind mit Lehm verputzt. »Das wirkt sich aufs Raumklima und damit auf die Verdunstung aus den Fässern aus«, erklärt Tim Eggenstein. Der Anteil, der verdunstet, trägt den schönen Namen *Angel's Share* und ist sprichwörtlich der Schluck für die Engel, der aus dem Fass verlorengeht. »Wir nehmen auch bewusst alle Jahreszeiten mit, im Winter um die 10 Grad, und bis 30 Grad im Sommer. Das Holz arbeitet, dadurch haben wir eine bessere Reifung«, meint der Hausherr, der ausgebildeter Edelbrand-Sommelier ist. Im Ergebnis schmecke der Whisky aus deutschen Eichenfässern dann »würzig, kräftig, mit eckigen Kanten, langem Abgang, mit holzigen und schokoladigen Noten«. Eine besonders regionale Geschmacksprobe bildet der Whisky aus Fässern von einem Küfner aus Erkner. Wer schmeckt die Aromen der märkischen Eiche im Belziger Whisky heraus?

OLD SANDHILL WHISKY

Wittenberger Straße 1 · 14806 Bad Belzig
WWW.SANDHILL-WHISKY.COM

Destille, Braustube, Eiscafé und Pension am Fuße der Burg. Im urigen Pub, oder bei gutem Wetter im großen Innenhof, lassen sich bodenständige Küche, hausgemachtes Eis sowie unfiltrierte Biere und Whisky aus eigener Herstellung genießen. Brauerei- und Whiskyführungen mit Verkostung ab 15 Personen. Saison der Gastronomie ist von Frühjahr bis Herbst, den genauen Saisonstart am besten erfragen.

Zwei Tage Kunstwandern mit Burgübernachtung

2 TAGE · 17 KM / 20 KM ·

Tour 02 führt uns am ersten Tag von WIESENBURG nach BAD BELZIG. Unterwegs begegnen wir zahlreichen Kunstwerken am Wegesrand. Ein Abendessen im *Haus am See* und die Übernachtung hinter alten Burgmauern warten am Zielort auf uns. Wer Zeit hat, sollte sich noch einen Besuch in der *SteinTherme* gönnen. Am nächsten Morgen geht es per (Ruf)Bus oder Bahn erneut nach WIESENBURG. Nun nehmen wir uns die Nordroute 01 vor. Wir bestaunen weitere Kunstwerke, Schloss Wiesenburg samt Schlosspark sowie Brandenburgs höchstes Gipfelkreuz und machen unterwegs Rast im *Töpfercafé* auf *Gut Schmerwitz*. Auch im Winter ist dies ein super Ausflug, wenn man zeitig genug loswandert, um das Tageslicht auszunutzen.

Coworking und Kurzwandern — ein Wochenende auf dem Gutshof

2 TAGE · 8 KM / 12 KM ·

In kreativer Atmosphäre an eigenen Ideen feilen und beim Wandern den Kopf frei kriegen — das lässt sich an einem Wochenende auf dem *Gutshof Glien* prima verknüpfen. Dazu wird Tour 03 in zwei Etappen geteilt. Am ersten Tag geht es, den Laptop im Rucksack, von BAD BELZIG zum *Coconat Coworking Space* in KLEIN GLIEN. Dort finden wir beste Arbeitsbedingungen (inklusive schnellem Internet), eine nette Gemeinschaft, viel Platz und schöne Zimmer vor. Auch Glamping im Garten ist möglich. Am nächsten Tag geht's auf die zweite Wanderetappe und nach Frischluft satt auf ein Glas Whisky, Bier oder hausgemachtes Eis zu *Old Sandhill*.

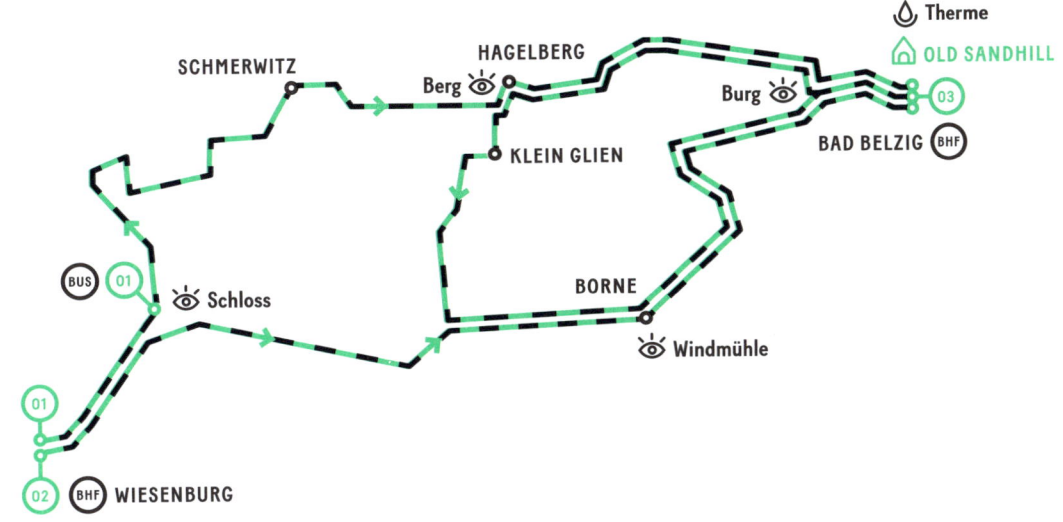

1 KM

SCHMERWITZ

HAGELBERG

Berg 👁

KLEIN GLIEN

Therme 💧

OLD SANDHILL

Burg 👁

BAD BELZIG (BHF) 03

BUS 01

👁 Schloss

BORNE

👁 Windmühle

01

02 (BHF) WIESENBURG

TIPP

Weil sie sehr gut markiert sind, lassen sich die drei Wanderstrecken auch jeweils in entgegengesetzter Richtung laufen. Allerdings empfiehlt sich ein Start der Nord- und der Südroute in Wiesenburg, denn ab Bad Belzig fahren häufiger Züge nach Berlin zurück. Zudem lassen sich Wartezeiten im Belziger Stadtzentrum oder im Bahnhofsbistro viel angenehmer gestalten. Wer statt mit dem Zug mit dem (Ruf)Bus von Bad Belzig nach Wiesenburg fährt, kann direkt in Schlossnähe (Wiesenburg, Gaststätte) aussteigen, dort die Tour beginnen und sich die 3 Kilometer vom Bahnhof ins Stadtzentrum sparen.

Kräuter sammeln und Kunst gucken

2 TAGE · 17–20 KM · 🏠 👁 💧 ✋

Samstags reisen wir am frühen Nachmittag mit Zug und Bus direkt nach RABEN zur geführten Kräutertour, um dort alles über Heil- und essbare Pflanzen der Saison zu erfahren. Vorher unbedingt anmelden! Ein Bus fährt anschließend nach BAD BELZIG, wo wir durch Burgwiesen und Altstadt spazieren. Das Abendessen lässt sich auf der luftigen Terrasse vor dem *Haus am See* genießen. Nach der Nachtruhe im *Burghotel* starten wir am nächsten Tag zur Wanderung — je nach Belieben auf Tour 01 oder 02. Startpunkt ist jeweils WIESENBURG, das von Bad Belzig aus dem Zug oder (Ruf)Bus erreichbar ist.

01:02:03

POTSDAM-MITTELMARK

CHARAKTER

Ein Schloss samt Schlosspark, eine Burg und Brandenburgs höchstgelegenes Gipfelkreuz — an Sehenswürdigkeiten mangelt es dieser Tour keineswegs. Doch das ist noch nicht alles: 12 Kunstwerke stehen am Wegesrand, denn die Strecke ist Teil des *Internationalen Kunstwanderweges* →INFO S.47, der von deutschen und flämischen Künstlern bespielt wird. Außerdem begegnen uns beeindruckende Spuren der Eiszeit und eine vielfältige Flora und Fauna. Das *Töpfercafé* auf *Gut Schmerwitz* sowie mehrere Gastronomien am Ziel der Etappe bieten Gelegenheit zur Einkehr.

WEGBESCHREIBUNG

Unser Startpunkt, der Bahnhof **WIESENBURG**, liegt knapp 3 Kilometer außerhalb des Ortes. Dem markierten Weg (weiße Linien auf gelbem Grund) folgen wir durch den weitläufigen Landschaftspark Richtung Wiesenburg. Dort passieren wir bereits erste Kunstwerke am Wegesrand und erreichen schließlich 👁 **SCHLOSS WIESENBURG**. Kommt man vom Schlosspark mit seinen prächtig angelegten Blumenrabatten und Wasserspielen, zeigt der Bau seine Fassade im Stil der Neorenaissance aus dem 19. Jahrhundert. Eine Ahnung von der ursprünglichen, mittelalterlichen Burganlage aus dem 12. Jahrhundert vermittelt sich uns von der

Dorfseite aus mit dem trutzigen Bergfried, dem Hauptturm. Das Schloss ist heute in Privatbesitz, der Turm aber ist öffentlich zugänglich und der Aufstieg wird mit einer herrlichen Aussicht belohnt. — Den Ort Wiesenburg verlassen wir gen Norden, um so auf die Nordroute des *Kunstwanderweges* zu gelangen. Das Werk »Unverhoffte Begegnungen zweier Stiefel mit der großen Rummel — Lob der Wanderschaft« erwartet uns an einer Weggabelung am Waldrand und verweist auf ein Naturphänomen, das dem Wanderer im Fläming häufiger begegnet: in der letzten Eiszeit geformte Rinnen in der Landschaft, sogenannte Rummeln →INFO S.49. Eine weitere Anspielung auf die Spuren der Eiszeit ist der in diesem Fall menschengemachte Findling am Rand von **SCHLAMAU**, dem kleinen Ort, den wir wenig später erreichen. — Kurz hinter der kleinen Feldsteinkirche aus dem 13. Jahrhundert biegt unser Weg nach rechts ab und führt in die laubbewaldeten *Schlamauer Berge*, durch die er sich in sieben Bögen hindurchwindet. Mächtige Rot- und Hainbuchen und die angrenzenden Feuchtwiesen bieten Lebensraum für die verschiedensten Tier- und Pflanzenarten. — Mit **SCHMERWITZ** erreichen wir den nächsten Ort und den gleichnamigen großen Gutshof. Die Gebäude vom Barockschloss bis zum Plattenbau lassen eine wechselvolle Geschichte erkennen. Zum Beispiel befand sich hier zu DDR-Zeiten die Zentralschule für Kampfgruppen. Wir machen im *Töpfercafé* →TIPP bei einem Stück Kuchen Rast, alternativ kann man sich im Hofladen mit Proviant versorgen. —— Nach der kleinen Pause verlassen wir den Ort Richtung Südost. Die in den 1990er Jahren hier angepflanzten Feldhecken, in deren Windschatten wir uns ein ganzes Stück bewegen, bieten Vögeln, Kleinsäugern und Insekten Schutz und ein Überwinterungsquartier. Auch bewahren sie die Felder vor Bodenerosion — und sie halten im Herbst fruchtigen Proviant wie Pflaumen und Mirabellen für hungrige Wanderer bereit. —— Von Süden laufen wir bald auf das Dorf HAGELBERG zu, wo sich gleich am Ortsrand links ein Abstecher auf den gleichnamigen Berg anbietet. Die Aussicht und ein Eintrag ins Gipfelbuch belohnen für den Aufstieg. Der 👁 *Hagelberg* war einmal ein Rekordhalter. Bis zur Neuvermessung im Jahr 2000 galt er als höchster Berg Brandenburgs, muss sich nun aber mit 200,24 Metern mit dem dritten Platz begnügen. Historisches trug sich auf der Anhöhe 1813 zu. Während der Befreiungskriege tobte hier eine Schlacht gegen Napoleon. In der Ortsmitte biegen wir rechts ab und folgen der Straße, die sich gegen Ortsende in einen Feldweg verwandelt. —— Vorbei an der »Steinschlange« und der »Jagd« werfen wir rechter Hand einen Blick auf den *Apfelberg*, auf dem im Frühling herrlich die Obstbäume blühen. —— Wir halten uns links und gelangen wieder in den Wald hinein, sodass wir uns im Bogen langsam BAD BELZIG nähern.

Mit »Unter Kiefern« und »Intermezzo« begegnen uns auf diesem Abschnitt noch zwei Kunstwerke, die auf spannende, ganz unterschiedliche Weise mit Bäumen interagieren. —— Über die *Hagelberger Straße* gelangen wir schließlich in die Stadt und über den *Grünen Grund* zum *Kämmererweg*, der uns durch die Burgwiesen bis zur BURG EISENHARDT führt. Von hier aus sind es nur noch wenige hundert Meter zum Bahnhof Bad Belzig.

🌲

START
Wiesenburg (Mark), Bahnhof

ZIEL
Bad Belzig, Bahnhof

MARKIERUNG
weiße Linien auf Gelb

AN- UND ABREISE
Von Berlin mit dem Zug nach Wiesenburg. Am Wochenende fahren die Züge nur alle zwei Stunden bis Wiesenburg, alternativ geht es ab Bad Belzig mit dem Bus weiter bis Wiesenburg. Ab Bad Belzig fahren regelmäßig Züge direkt zurück in die Hauptstadt.

TIPP
Alle drei Routen können unterwegs gut abgekürzt werden: von Ostern bis Dezember verkehren fünf mal täglich Busse zwischen Wiesenburg, Klein Glien, Borne und Bad Belzig. Außerdem fährt ganzjährig an den Wochenenden der »Bürgerbus« (Rufbus) entlang des Kunstwanderwegs.

01 · 02 · 03

CHARAKTER

Etwas kürzer als die beiden anderen Touren führt uns die Südroute des *Internationalen Kunstwanderweges* →INFO vom pittoresken *Schloss Wiesenburg* größtenteils über offene Felder bis nach Bad Belzig mit seiner mächtigen Burg, hinter deren dicken Mauern man sogar übernachten kann. 15 Kunstwerke liegen auf unserem Weg und eine alte *Bockwindmühle* erinnert an längst vergangene Zeiten.

⇓

WEGBESCHREIBUNG

Wir starten am Bahnhof **WIESENBURG**, knapp 3 Kilometer außerhalb des Ortes. Der markierte Weg (weiße Linien auf gelbem Grund) führt uns zunächst wie auf der Nordroute durch den Landschaftspark mit Teichen, Terrassen und altem Rhododendronbestand zum **SCHLOSS WIESENBURG**. Vom Ursprung des Schlosses als mittelalterliche Burg ist nicht mehr viel zu sehen, lediglich der trutzige Hauptturm an der Dorfseite passt nicht so recht zum Schlosscharakter. Wer den Turm besteigt, kann eine herrliche Aussicht genießen. —— An der Dorfseite, mit dem Rücken zum Schloss, biegen wir rechts in die *Schlossstraße* und noch einmal rechts auf die *Hermann-Boßdorf-Straße* ein. Sie führt uns vorbei an einer Feldsteinkirche, hinter der wir der Straße nach links folgen. —— Den *Fabrikantenteich* lassen wir zu unserer

Rechten liegen und gelangen so auf die offenen Felder hinaus. —— Nach einem Linksbogen stoßen wir noch einmal auf den Ortsrand und begegnen hier den ulkigen Kuheutern des Werkes »(K)uier(en) —— Spazierengehen«. Der Feldweg führt nun an Solarpark und Biogasanlage vorbei in den Wald hinein. Mit »Wölfe«, »Porzellanbaum« und »Ruhende Brücke« säumen gleich drei Kunstwerke diesen Wegabschnitt. —— An einer Eisenbahnunterführung ändern wir die Richtung nach links, also nach Norden. —— Schon bald treffen wir am Waldrand auf eine Pflaumenallee, der wir nach rechts bis nach **BORNE** folgen. Hier bietet sich ein Abstecher zur 👁 *Bockwindmühle* von 1803 an, die mitsamt Rastplatz einen knappen Kilometer südlich des Dorfkerns liegt. —— Borne durchqueren wir und treffen am östlichen Ortsausgang linker Hand auf eine alte Feldsteinkirche, hinter der auf der rechten Seite ein Weg längs des Feldrands zu Bahngleisen führt. —— Etwa 2 Kilometer lang folgen wir den Schienen, vorbei an den »Fünf Kuben«, bis unser Weg nach links abknickt. —— Ein Kunstwerk macht auf die geschützten und sehr seltenen »Schwarzstörche im Fläming« aufmerksam. —— Der Weg führt wieder in bewaldetes Gebiet und leitet uns zum »Flämischen Haus«, das auf historische Siedlungsreste Bezug nimmt. —— Schließlich erreichen wir über die Wiesen mit den »Sphären« den Bahnhof **BAD BELZIG**. Das Wahrzeichen Bad Belzigs ist die beeindruckende, 997 erstmals erwähnte **BURG EISENHARDT**, die mit Bergfried, Ringmauer und Rundtürmen wehrhaft über dem Ort thront. Innerhalb ihrer Mauern befindet sich heute neben dem Heimatmuseum auch ein Hotel, vom Hauptturm aus lässt sich die Aussicht genießen. Am Fuße der Burg bietet sich in der Gastronomie von *Old Sandhill Whisky* eine Rast an. Auch die Altstadt mit ihren Bürgerhäusern aus dem 17. und 18. Jahrhundert lohnt einen Besuch. Der Bahnhof von Bad Belzig ist mit Bistro und Regionalladen auf hungrige Wanderer eingestellt.

START

Wiesenburg (Mark), Bahnhof

ZIEL

Bad Belzig, Bahnhof

MARKIERUNG

weiße Linien auf Gelb

AN- UND ABREISE

Von Berlin mit dem Zug nach Wiesenburg. Am Wochenende fahren die Züge nur alle zwei Stunden bis Wiesenburg, alternativ geht es ab Bad Belzig mit dem Bus weiter bis Wiesenburg. Ab Bad Belzig fahren regelmäßig Züge direkt zurück in die Hauptstadt.

WISSENSWERTES
KUNSTWANDERWEG

Auf den drei Routen des Internationalen Kunstwanderweges gibt es ganze 28 Kunstwerke zu entdecken. Im Rahmen zweier Wettbewerbe von 2007 und 2010 schufen deutsche Künstler und flämische Künstler aus Belgien und den Niederlanden verschiedenste Objekte mit Bezug zur Umgebung und zur Besiedlungsgeschichte des Flämings. Denn es waren die großteils flämischen Kolonisten, die hier Mitte des 12. Jahrhunderts planmäßig angesiedelt wurden und diesem Landstrich seinen Namen gaben. Das Wegesystem des Kunstwanderwegs führt hauptsächlich über Naturböden, ist zuverlässig markiert und als »Qualitätsweg« des Deutschen Wanderverbandes ausgezeichnet. TIPP: Neben Broschüren über den Kunstwanderweg, die auch an den Bahnhöfen ausliegen, gibt es einen unterhaltsamen Audioguide, der alle Kunstwerke, Sehenswürdigkeiten und Naturphänomene kommentiert. Ausleihgeräte (4 Euro) sind bei der Touristinformation und am Bahnhof Bad Belzig verfügbar, oder man wählt die App (iTour City Guide, Hoher Fläming, rund 2 Euro). Im Schloss Wiesenburg gibt es ebenfalls eine Touristinfo.

CHARAKTER

Den Wegesrand säumen 12 Kunstwerke, und eine fabelhafte Aussicht belohnt den Aufstieg zu Brandenburgs dritthöchstem Berg. Zwei weitere Landmarken des Flämings erleben wir mit der *Borner Bockwindmühle* und der trutzigen *Burg Eisenhardt*. Möglichkeiten zur Einkehr gibt es am Start, am Ziel und auf etwa der Hälfte der Strecke.

WEGBESCHREIBUNG

Vom Bahnhof **BAD BELZIG** aus folgen wir der Markierung in einer Schleife über die Gleise hinweg und durch ein Stadtwäldchen bis hinunter zur Straßenkreuzung mit der *Postmeilensäule*. — Hier halten wir uns kurz links auf der *Wittenberger Straße*, bevor wir auf die *Schlossstraße* einbiegen. Wer mag, kann bereits jetzt einen Abstecher auf die **BURG EISENHARDT** machen und sich in der *Chocolaterie* →TIPP erstmals stärken. — Wir wenden uns *Am Schlosstor* nach links und biegen hinter dem Polizeirevier abermals links ab. Auf dem Weg aus dem Ort hinaus passieren wir bereits die ersten Kunstwerke dieser Tour. — Wenn sich vor uns Wiesen auftun und wir die »Sphären« schon vor uns sehen, biegen wir nach rechts ab. Sogleich halten wir uns dann aber links und bewegen uns auf die Bundesstraße zu, die wir überqueren, um ein paar Meter weiter

rechts unseren Weg nach Norden auf der *Hagelberger Straße* fortzusetzen. — Am Waldrand biegen wir links auf den Feldweg ein und gelangen hinaus ins Grüne. — Nach einiger Zeit durch den Wald knickt unser Weg nach links ab, die Bäume lichten sich und eröffnen einen Blick auf den *Apfelberg*. Wir wenden uns nach rechts und kommen an der »Jagd« vorbei, bevor wir am Ortsrand von **HAGELBERG** die sich sonnende »Steinschlange« passieren. — In der Dorfmitte führt der Weg nach links. Hier bietet sich rechter Hand ein Abstecher auf den namensgebenden 👁 *Hagelberg* an, um die Aussicht zu genießen und sich ins Gipfelbuch einzutragen (mehr zum *Hagelberg* →S.45). Denselben Weg steigen wir wieder hinab, um unsere Tour auf der *Dorfstraße* gen Süden fortzusetzen. — Nach nur einem Kilometer erreichen wir **KLEIN GLIEN** mit dem Coworking Space *Coconat* →TIPP. Hier kehren wir auf einen Kaffee ein, wahlweise kann auch gleich Quartier bezogen werden. — Weiter geht es gen Süden auf einem kleinen Weg, der direkt gegenüber dem *Coconat* beginnt, der Markierung folgend aus dem Ort hinaus und schließlich auf eine Obstbaumallee. Dieser Allee folgen wir ein gutes Stück, bevor wir unseren Weg im Wald fortsetzen. — Nach einer Weile treffen wir auf eine Kreuzung mit dem *Wiesenburger Weg*, hier biegen wir nach links ab und folgen nun — wie auf der Südroute — einer Pflaumenallee bis in den Ort **BORNE**. Wer möchte, kann hier einen ABSTECHER zur rustikalen *Bockwindmühle* von 1803 mitsamt Rastplatz machen, die sich einen knappen Kilometer südlich des Dorfkerns befindet. ⸺ Borne durchqueren wir und treffen am östlichen Ortsausgang linker Hand auf eine alte Feldsteinkirche, hinter der auf der rechten Seite ein Weg zu Bahngleisen führt. ⸺ Etwa 2 Kilometer lang folgen wir den Schienen, vorbei an den »Fünf Kuben«, bis unser Weg nach links abknickt. Weiter geht es durch den Wald und vorbei am »Flämischen Haus«, das auf historische Siedlungsreste Bezug nimmt. ⸺ Mit der Wiese, auf der die »Sphären« stehen, erreichen wir den Anfangspunkt unserer Tour und gelangen durch den Ort zum Bahnhof **BAD BELZIG** zurück.

START

Bad Belzig, Bahnhof

ZIEL

Bad Belzig, Bahnhof

MARKIERUNG

weiße Linien auf Gelb

AN- UND ABREISE

Von Berlin aus mit dem Zug nach Bad Belzig. Auf gleichem Weg geht es zurück in die Hauptstadt. Die Züge verkehren regelmäßig.

WISSENSWERTES
RUMMELN

Rummeln sind, genau wie Findlinge, die uns im Fläming ebenfalls häufig begegnen, Relikte der Weichseleiszeit. Die 6 bis 12 Meter tiefen und bis zu 3 Kilometer langen Trockentäler wurden durch das Schmelzwasser der abtauenden Gletscher geformt, das in dem gefrorenen Boden nicht versickern konnte und sich einen Weg an der Oberfläche bahnte. Durch Menschen verursachte Erosion vertiefte die Rummeln weiter. Manchmal verweisen ihre Namen noch auf die vormalige Benutzung als Wege: In der Pastor-Rummel ging der Pastor, in der Bier-Rummel fuhr der Bierwagen. Bei Starkregen kann sich in den Furchen heute nach wie vor dramatisch viel Wasser sammeln.

01

POTSDAM-MITTELMARK

CAFÉ & CHOCOLATERIE BURG EISENHARDT
SÜSSE EINKEHR

Hausgemachte Pralinen und Schokoladentafeln versüßen den Besuch auf der Burg. Für die heiße Schoki wird richtige Schokolade geschmolzen. Wer dennoch lieber Kaffee trinkt, findet natürlich auch das passende Stück frisch gebackenen Kuchen dazu. Im Sommer gibt's on top noch Eiscreme!

Wittenberger Straße 14 · 14806 Bad Belzig
WWW.BURGEISENHARDT.DE

GUT SCHMERWITZ
PROVIANT, KAFFEEPAUSE UND KUNSTHANDWERK

Auf dem ehemaligen Rittergut wird heute ökologische Landwirtschaft betrieben. Ein gut sortierter Hofladen sowie Café und Töpferei eines sozialen Trägers laden zur Einkehr ein.

Schmerwitz 8 · 14827 Wiesenburg / Mark (OT Schmerwitz)
WWW.GUT-SCHMERWITZ.DE

HAUS AM SEE
REGIONALE KÜCHE IN IDYLLISCHER LAGE

Auf der Terrasse direkt am Wasser lassen sich Gerichte mit regionalen Zutaten genießen. Besonders lecker ist das Pulled Pork aus dem Smoker.

Martin-Luther-Straße 14 · 14806 Bad Belzig
WWW.HAUS-AM-SEE-BADBELZIG.DE

STEINTHERME BAD BELZIG
ERHOLUNG NACH DEM WANDERN

Müde Glieder dürfen in der SteinTherme Bad Belzig entspannen. Beim Besuch in der großen Saunalandschaft, im Thermalsolebad oder beim Genuss des Wellnessprogramms spürt man die gelaufenen Kilometer gleich gar nicht mehr.

Am Kurpark 15 · 14806 Bad Belzig
WWW.STEINTHERME.DE

SPRINGBACH-MÜHLE
CHARMANTE WASSERMÜHLE MIT BIERGARTEN

Das pittoreske Fachwerkhaus mitsamt Schwanenteich liegt gute vier Kilometer nördlich der Altstadt von Bad Belzig. Es beherbergt Restaurant, Hotel und einen geselligen Biergarten.

Mühlenweg 2 · 14806 Bad Belzig
WWW.SPRINGBACHMUEHLE.DE

01 · COCONAT · GUTSHOF GLIEN
COWORKING UND GLAMPING

Nur 5 Minuten sind es vom Schreibtisch in die Natur. Für alle, die ihre Pausen vom Arbeiten am Laptop gern im Grünen verbringen, bietet das Coconat einen tollen Rahmen. Beim gemeinsamen Essen, beim Schaukeln in der Hängematte oder abends am Lagerfeuer knüpft man schnell Kontakt zu anderen. Übernachtet wird in großzügigen Zimmern oder per Glamping im Garten. Wanderer können sich hier unterwegs bei Kaffee und Kuchen stärken.

Klein Glien 25 · 14806 Bad Belzig (OT Klein Glien)
WWW.COCONAT-SPACE.COM

02 · BURGENWANDERWEG
ZU FUSS VON BURG ZU BURG

Drei Burgen und ein Schloss gibt es auf dem 147 Kilometer langen Burgenwanderweg im Fläming zu sehen. Auf acht empfohlenen Tagesetappen können Burg Eisenhardt, Burg Rabenstein, Burg Ziesar und Schloss Wiesenburg bestaunt werden. Stempel sammeln fürs Burgturm-Diplom nicht vergessen!

WWW.WANDERN-IM-FLAEMING.DE

01 · 02 · 03

NATURPARKZENTRUM HOHER FLÄMING
KRÄUTERFÜHRUNG UND ERLEBNISAUSSTELLUNG

Samstags geht es mit Kräuterpädagogin Britt Muschert zum Sammeln von Heil- und Gewürzkräutern raus ins Grüne. Je nach Jahreszeit stehen verschiedene Themen und Pflanzen im Mittelpunkt. Bestimmt lässt sich das neu erlernte Wissen schon bei der nächsten Wandertour anwenden! An- und Abreise mit Zug und Bus nach Raben, Fahrplan beachten. Die Führungen finden zeitlich so statt, dass man mit ÖPNV anreisen kann.

Brennereiweg 45 · 14823 Rabenstein (OT Raben)
WWW.FLAEMING.NET

02

WACHOLDERRAUCH UND SANFTE HÜGEL

Den *Großen Garten* in Gerswalde haben wir als spannendes Gemeinschaftsprojekt kennengelernt, in dem ganz unterschiedliche Menschen die gemeinsame Idee von Gastfreundschaft und gutem Essen teilen. Fischmann Micha und sein Räucherfisch haben es uns besonders angetan. Nun hat es ihn wieder in den Schwarzwald verschlagen, und in Gerswalde entsteht viel Neues. Michas Geschichte ist dennoch Teil des Ortes und hat die inspiriert, die zukünftig dort Regionales auf den Tisch bringen. Auf den Wandertouren rund um Gerswalde erleben wir die sanften Hügel der Uckermark und tolle Ausblicke über die Uckerseen.

FISCHRÄUCHEREI GLUT & SPÄNE

GERSWALDE · BIOSPHÄRENRESERVAT SCHORFHEIDE-CHORIN · UCKERMARK

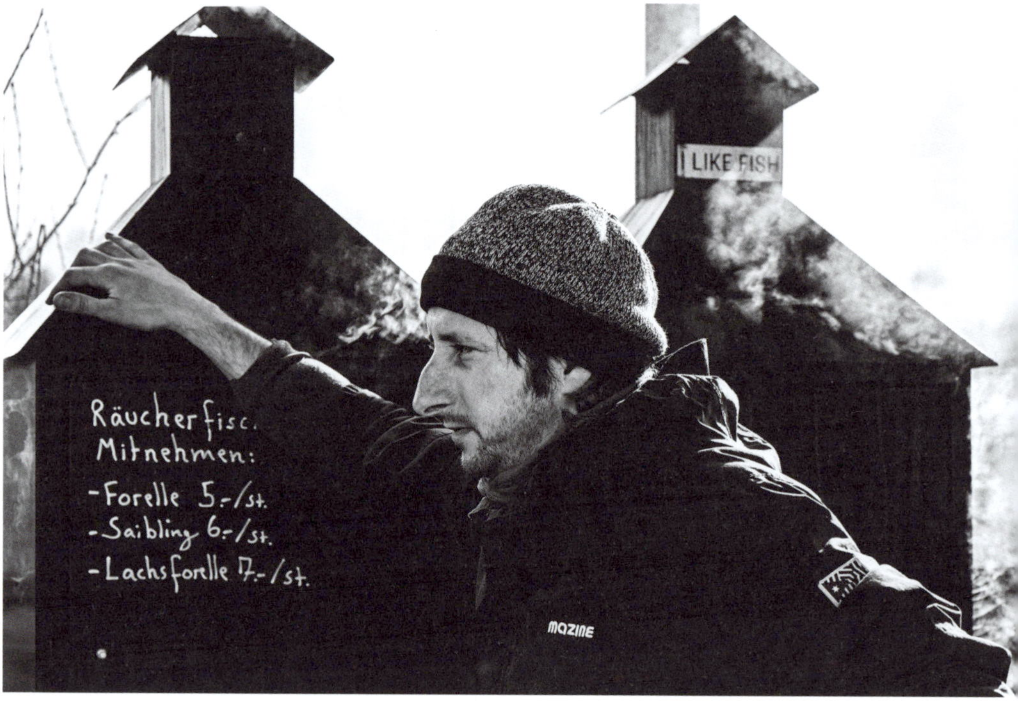

Räucherfisch
Mitnehmen:
- Forelle 5.-/st.
- Saibling 6.-/st.
- Lachsforelle 7.-/st.

I LIKE FISH

D

Der *Große Garten* im beschaulichen Gerswalde ist ein außergewöhnliches Projekt: Auf dem Gelände der ehemaligen Schlossgärtnerei entstand vor ein paar Jahren ein Sehnsuchtsort für Wochenendausflügler, der seinesgleichen sucht. Wir wurden durch Michael Wickert darauf aufmerksam, den wir als Fischmann Micha in der *Markthalle Neun*, mitten im Kreuzberger Trubel, kennengelernt haben. 2016 zog er in die Uckermark und eröffnete im *Großen Garten* seine Fischräucherei *Glut & Späne*. Seit 2021 qualmen Michas Räucheröfen in Süddeutschland. In Gerswalde aber brennt jetzt das Holz in einem original neapolitanischen Ofen. Hannes und Claude, die das *JAJA* in Berlin betreiben, servieren moderne Gerichte aus besagtem Ofen, die die Aromen, Frische und Lebendigkeit der Brandenburgischen Landschaft einfangen. Das Restaurant im ehemaligen Palmenhaus tafelt mittags und abends Gerichte auf zum Teilen in stimmungsvoller Atmosphäre. Es ist also viel in Bewegung im *Großen Garten*. Wir können es gar nicht abwarten, wieder vorbeizuschauen. Bis dahin bleibt unsere eindrücklichste Erinnerung die von Fischmann Micha, der seine Räucherei — heute im Schwarzwald — mit wahrer Leidenschaft betreibt.

——— Es qualmt aus den Schornsteinen zweier schwarzer Räucheröfen. Wer im Wind steht, dem brennen sogleich die Augen. Mit der flachen Hand kontrolliert Michael Wickert auf der schrägen Dachfläche der Öfen die Temperatur. Je nachdem, wie warm es dort wird, muss er für mehr oder weniger Luftzufuhr sorgen. »Immer mal wieder mach ich das hier auf, lasse es wieder mehr brennen, dann mach ich wieder zu.« Der Wahlberliner, der eigentlich vom Bodensee kommt, schiebt sich seine dunkle Wollmütze aus der Stirn, geht in die Hocke und dreht die Schieberegler am unteren Ende beider Öfen. »Die Glut ist jetzt abgebrannt, da gebe ich jetzt zweierlei Holz drauf. Einmal Wacholderholz und dann noch Buche«. Er zieht die Tür auf und wirft ein paar Scheite hinein. »Das Wacholderholz hat auch ätherische Öle, wie die Beere. Das gibt ein schönes Aroma«. Am Boden beginnt die Glut zu lodern. »Oben machen wir mal kurz auf, aber es soll nicht brennen. Ich räuchere bei relativ niedriger Temperatur. Der Fisch soll nicht zu heiß werden. 85 bis 90 Grad sind gut, man sollte aber auch mal auf 100 Grad Celsius kommen«, verrät er. Gut zwei Dutzend Lachsforellen hat Micha zuvor auf Haken gesteckt: Einmal durch den Mund fädeln, dann den Haken drehen, dann links und rechts der Wirbelsäule zwei kleine

Metalldorne ins Fleisch stechen. Und unbedingt die ganze Zeit mit dem Daumen festhalten, sonst flutscht der Fisch wieder runter vom Haken. Ziemlich glitschig und irgendwie sperrig ist so ein Fischkörper in den Händen. »Das sind Teichfische, die sind gezüchtet, kommen aus Angermünde oder Boitzenburg«, erklärt der Fischmann die Herkunft seiner Rohware. »Die Region soll profitieren. Ich kaufe den Fischern der Umgebung den Fisch zu 'nem guten Preis ab und veredele ihn dann.«

Das Räuchern ist zeitintensiv. Eineinhalb bis zwei Stunden lang steht Micha neben seinen Öfen. Länger als fünf Minuten lässt er sie nie allein. »Ich mach nochmal auf. Jetzt kann man das Wacholderholz schön riechen, diese Süße.« Aus dem Inneren des Ofens strömt ein herrlicher Duft. Und die Fische bekommen langsam eine goldene Farbe. Nach gefühlt hundertmaligem Öffnen und Schließen der Öfen, nachdem auch noch Buchenspäne zugegeben wurden und immer wieder mit der Hand die Temperatur am Dach gemessen wurde, sind die Fische irgendwann fertig und bekommen zum Abkühlen einen Platz auf einer Stange zwischen zwei Tischlerböcken.

Während Micha sich um seine Öfen kümmerte, kamen immer wieder Neugierige vorbei, die auch mal einen Blick auf den Räucherfisch werfen wollten. Mit allen kamen wir nett ins Gespräch, Micha erzählte von seiner Arbeit und von seinem Fisch, an diese Momente der Geselligkeit erinnern wir uns gern zurück. Das ist für uns der Geist des *Großen Gartens*. Ein Projekt, das weiter in Bewegung ist — angetrieben von Menschen, die die Liebe zu regionalen Produkten zusammenführt.

UCKERMARK

**FISCHRÄUCHEREI
GLUT & SPÄNE**

WWW.GLUTUNDSPAENE.DE

Ausflugsbücher sind Zeitdokumente. Lebenswege ändern sich. Fischmann Micha verlässt den Großen Garten und räuchert ab Sommer 2021 im Schwarzwald. In Freiamt wird er einen kleinen Hofladen betreiben und freut sich dort über Besuch. Auch wenn in Gerswalde kein Fisch mehr geräuchert wird, ist Michas Geschichte Teil des Ortes und hat die inspiriert, die nach ihm kommen. Hannes und Claude zum Beispiel → s.70. Die Wandertouren sind zeitlos und weiterhin sehr zu empfehlen, alle sonstigen Angaben zum Großen Garten wurden aktualisiert.

Drei Tage in der Uckermark mit Freunden

3 TAGE · 18 KM · ⌇⌇

In der Gruppe ist ein langes Wochenende in der *Roten Scheune* in **FERGITZ** oder auf *Gut Fergitz* ein tolles Erlebnis. Am besten nehmen alle die Fahrräder mit und reisen freitags mit dem Zug bis nach **WARNITZ**, um dann die restlichen 10 Kilometer um die Südspitze des *Oberuckersees* herum zu radeln. Achtung, im Sommer sind die Züge oft voll, da gilt Rücksichtnahme und gutes Timing! Beim Abstecher zum *Regionalladen Flieth* kann uckermärkischer Proviant fürs Wochenende besorgt werden. Am Samstag geht's zu Fuß rüber nach **GERSWALDE** (Teilstrecke Tour (05), rund 9 Kilometer), zum Lunch im *Großen Garten*. Abends vertreten wir uns auf dem Weg zurück zur Unterkunft noch einmal die Füße. Für Sonntag bietet sich ein Tag am *Oberuckersee* mit Baden oder Bootfahren an.

Ein Wochenende für Kulinarik- und Naturliebhaber

2 TAGE · 15–17 KM ·

In **GERSWALDE** wird gegärtnert, gekocht und gegessen. Außerdem lässt es sich auch direkt im Ort übernachten. Nach der Anreise am Samstag erkunden wir ganz gemütlich den *Großen Garten* und lassen es uns dort kulinarisch gutgehen. Am Sonntag schlüpfen wir in die Wanderschuhe, es bietet sich je nach Lust und Laune Rundwanderung (04) mit Sprung in den Badesee oder Tour (05) nach **SEEHAUSEN** mit Seenblick und Badestelle an.

Zwei Wandertouren und ein Abend im Großen Garten

2 TAGE · 17 KM / 15 KM ·

Wir reisen samstags nach **GERSWALDE** an und erkunden auf einer Rundwanderung (04) die hübsch hügelige Gegend. Unterwegs springen wir in den Badesee. Am Abend gibt es bei Claude und Hannes ein Essen mit frischen Zutaten aus dem *Großen Garten* und wir verbringen auf dem *Stein-Häger-Hof* die Nacht. Sonntags führt Tour (05) mit einem spektakulären Ausblick über die *Uckerseen* und einem Bad im *Potzlower See* nach **SEEHAUSEN**. Dort kehren wir im *Huberhof* ein, bevor wir in den Zug zurück nach Berlin steigen.

UCKERMARK

CHARAKTER

Offene Landschaft mit sanften Hügeln umgibt uns auf dieser Wanderung größtenteils, frei und ruhig kann der Blick über die Felder ziehen. Vielleicht lassen sich Kraniche, Reiher oder Störche beobachten. Ab und an bildet ein Waldgebiet eine willkommene Abwechslung. Eine schön gelegene Badestelle bietet unterwegs Erfrischung.

⇊

WEGBESCHREIBUNG

Von der Haltestelle **GERSWALDE** *Markt* aus startet unsere Tour nach Süden. Wir bewegen uns von der Kirche weg in Richtung **WASSERBURG**, linker Hand passieren wir den *Großen Garten* →TIPP —— Dahinter biegen wir nach links ab, um uns an der Straßengabelung kurz nach dem Verlassen des Ortskerns abermals links zu halten. —— Nach einigen hundert Metern biegen wir schräg rechts von der Landstraße ab auf den *Friedenfelder Weg*, der bald in kopfsteingepflasterten Belag übergeht. Ein paar letzte Häuser lassen wir hinter uns, bevor der Blick nur noch über freie Felder und die typische Hügellandschaft schweift. —— Wir durchqueren einen lebendigen kleinen Mischwald, an dessen Ende ein Bächlein gurgelt. Eine Allee aus alten Kopfweiden und anderen Bäumen begleitet uns bis nach **FRIEDENFELDE**. —— Im Dorf halten wir uns rechts, folgen dem Stra-

ßenverlauf und laufen nun auf einer Lindenallee weiter nach **NEUDORF**. Hinter dem Ort kommen wir bald an eine Wegkreuzung und biegen links ab. Nach ungefähr 500 Metern geht rechts ein Stichweg zur Badestelle am **STIERNSEE** ab. Dort lohnt sich ein Sprung in die Fluten und ein Verweilen auf der Liegewiese oder dem Badesteg. —— Über die Kopfsteinpflasterstraße geht es anschließend in ein kleines Waldstück. Nach links führt ein **ABSTECHER** von insgesamt einem Kilometer zu bronzezeitlichen 👁 *Hügelgräbern* →INFO. Der Abzweig ist durch einen Stein am Wegesrand markiert. Hinter einer feuchten Senke geht es ein Stück bergauf, bis wir rechts und links des Weges mehrere Grabhügel erkennen. —— Zurück auf unserem ursprünglichen Weg erreichen wir am Waldrand entlang bald die Siedlung **BRIESEN** und biegen rechts ab. Hier informiert eine Tafel über die früheren Arbeiterkaten am Ende des Ortes, die »weißen Häuser von Briesen«, an denen wir wenig später vorbeikommen. —— Über Felder und im Schatten einer Lindenallee setzt sich unser Weg fort, zu unserer Rechten haben wir bald eine ganze Zeit lang Waldrand. —— Auf einem Feldweg mit asphaltierter Fahrspur bewegen wir uns dann auf den nächsten Ort zu. Das *Schloss Herrenstein* können wir bereits aus der Ferne erkennen, wenn wir eine der Lücken zwischen den Schlehenhecken nutzen, um die Aussicht über die Felder zu genießen. ── Bereits am Ortseingang von **HERRENSTEIN** biegen wir, dem Wegweiser folgend, rechts ab und sind schnell wieder von offener Landschaft umgeben. ── Hinter einer Rechtskurve biegen wir links auf einen Feldweg ein, der uns schließlich Richtung **GERSWALDE** zurückführt. Unser Ziel können wir mit dem Gerswalder Kirchturm schon von Weitem sehen, diese Landmarke leitet uns zuverlässig über den *Neudorfer Weg* bis zum Anfangs- und Endpunkt unserer Wanderung.

START

Gerswalde, Markt

ZIEL

Gerswalde, Markt

MARKIERUNG

gelber Punkt
»Stiernseerundweg«

AN- UND ABREISE

Von Berlin geht es zunächst mit dem Zug, dann in der Regel ab Wilmersdorf bei Angermünde weiter mit dem Bus nach Gerswalde. Der Bus verkehrt zeitweise als Rufbus und muss dann mit entsprechender Vorlaufzeit reserviert werden. Zurück nach Berlin geht es auf demselben Weg.

WISSENSWERTES
HÜGELGRÄBER

In unscheinbaren Erderhebungen verbergen sich Zeugnisse einer bronzezeitlichen Kultur, die nach ihren Bestattungsritualen »Hügelgräberkultur« genannt wird. Vom Elsass bis nach Ungarn finden sich diese meist kreisrunden Grabstätten, die mit Erde, Sand, Grassoden oder Steinen umhügelt wurden. Es gibt jedoch regionale und chronologische Unterschiede der Begräbnisse: Sie kommen als einzelner Tumulus oder als Gruppierung vor; die Größe der Hügel reicht von 4 bis 30 Meter Durchmesser und 1 bis 3 Meter Höhe, manchmal umgibt den Hügel ein Steinkranz. Die Funde bezeugen sowohl Körperbestattungen als auch Brandbestattungen, teils mit Grabbeigaben wie beispielsweise bronzenen Schmucknadeln oder Waffen. Vermutlich sind die allermeisten dieser rund 3.500 Jahre alten Relikte vor allem wegen landwirtschaftlicher Nutzung der Gebiete heute verloren.

UCKERMARK

CHARAKTER

Ein sagenhafter Ausblick über die *Uckerseen* ist das Highlight dieser Tour, die uns abwechslungsreich über hügelige Felder und durch kleine, teils sumpfige Wälder führt. Eine Badestelle sorgt für Erfrischung, und der Ausgangspunkt der Strecke, Gerswalde — mit *Großem Garten* und Burgruine — ist ein mittlerweile sehr beliebtes Ausflugsziel.

WEGBESCHREIBUNG

Wer die Tour in GERSWALDE beginnt, sollte im Ort noch einen Blick auf die alte 👁 WASSERBURG aus der ersten Hälfte des 13. Jahrhunderts werfen. Die meterdicken Mauern der Ruine aus Feldstein und Ziegel künden von früheren Zeiten. Damals reichte der dahinter liegende HAUSSEE bis an die Anlage heran, daher der Name *Wasserburg*. Heute finden in der begehbaren Burgruine regelmäßig Veranstaltungen statt. — Von der Gerswalder Dorfmitte aus geht es zunächst ein Stück auf dem Radweg entlang der Landstraße nach KAAKSTEDT. Weite Felder und sanfte Hügel umgeben uns, das typische Landschaftsbild dieser Region. — In Kaakstedt folgen wir dem Straßenverlauf und nehmen nach dem Ortsende links den Wirtschaftsweg, der uns weiter über die Felder führt. — An der Kreuzung im Ort WEILER biegen wir rechts ab und gelangen bald in ein Waldstück, das Naturschutzgebiet *Eulenberge*. Hier wird es zunehmend sumpfig und wir begegnen dem Wasserlauf der *Großen Helle*. In einem Bruchwald spiegeln sich die schlanken Erlen auf der glatten Wasseroberfläche. — Kurz nach Verlassen des Waldes gelangen wir an eine Kreuzung, hinter der sich, etwas tiefer gelegen, der 〽 WRIETZENSEE befindet. (ABSTECHER: Auf der anderen Seite des Sees liegt in etwa 1,8 Kilometer Entfernung eine Badestelle.) — Wir gehen an der Kreuzung links und durchqueren ein kleines Waldgebiet, bevor wir wieder auf offenes Feld treffen. Hinter dem nächsten kleinen Waldstück erwartet uns von unserem erhöhten Standpunkt aus ein wunderschönes Panorama: Der »Potzlower Seenblick« umfasst den *Oberuckersee* in der Ferne und mehrere kleine Gewässer wie den *Krummen See* im Vordergrund. — An der folgenden T-Kreuzung halten wir uns rechts und gelangen in den Ort POTZLOW. — Wir biegen abermals rechts ab, hier lockt nach wenigen Metern eine hübsche Badestelle mit Steg zu einem Sprung in den 〽 POTZLOWER SEE. — Die letzten 4 Kilometer folgen wir der Landstraße in Richtung Seehausen. Eine Plakette auf einem Stein am Wegesrand besagt, dass wir hier den geografischen Mittelpunkt der Uckermark passieren. — Direkt dahinter überqueren wir die *Ucker*, die am Nordufer des OBERUCKERSEES eine Verbindung zum nördlich gelegenen **UN-TERUCKERSEE** schlägt. —— In unserem Zielort **SEEHAUSEN** folgen wir dem Straßenverlauf nach links und erreichen, vorbei an historischen Häusern, schließlich die Bahngleise. Achtung, im Online-Kartenmaterial werden hier irritierenderweise zwei Bahnhöfe angezeigt: Der alte ist nicht mehr in Betrieb. Der Bahnhof ohne Bahnhofsgebäude — nach rechts — ist der richtige.

START

Gerswalde, Markt

ZIEL

Seehausen, Bahnhof

MARKIERUNG

keine durchgängige Markierung

AN- UND ABREISE

Von Berlin geht es zunächst mit dem Zug, dann in der Regel ab Wilmersdorf b. Angermünde weiter mit dem Bus nach Gerswalde. Der Bus verkehrt zeitweise als Rufbus und muss dann mit entsprechender Vorlaufzeit reserviert werden. Zurück nach Berlin geht es auf demselben Weg.

WISSENSWERTES

SPUREN DER EISZEIT

Das Landschaftsbild Brandenburgs und Mecklenburg-Vorpommerns formte sich während der letzten drei Kaltzeiten, wesentlich aber in der jüngsten, der Weichsel-Kaltzeit, vor etwa 115.000 bis 12.000 Jahren. Die gewaltigen Kräfte von Gletschereis und Schmelzwasser schufen hier auf kleinem Raum eine in Deutschland einzigartige landschaftliche Vielfalt. Markante Höhenzüge wie der Hohe Fläming entstanden als Endmoränen aus Aufschüttungen von Gesteinsmaterial, das der Gletscher mitführte. Ebene, flachwellige bis kuppige Landstriche wie in der Uckermark lassen sich als Grundmoränenlandschaft identifizieren, die sich zunächst unter dem Eis befand und in der nach Abschmelzen des Gletschers oft mitgeführtes Material wie Findlinge zurückblieb. In Sanderflächen wie etwa dem Schorfheidesander lagerte das Schmelzwasser vor der Endmoräne Kiese und Sande ab, bevor es schließlich über parallel zum Eisrand verlaufende Sammeladern, die Urstromtäler, abfloss. Die letzte Kaltzeit schuf auch unzählige Seen: Schmelzwasserrinnen unter dem Eis wurden zu perlschnurartig aneinandergereihten, lang gestreckten Seen wie in der Kyritzer Seenkette, kleine Eisblöcke, die nach dem Rückzug des Gletschers zurückblieben, hinterließen kreisrunde Kesselseen.

01

01 · GROSSER GARTEN

SEHNSUCHTSORT IN BEWEGUNG

Der Große Garten in der ehemaligen Schlossgärtnerei wurde in den letzten Jahren zu einem immer beliebteren Ausflugsziel, an dem sich eine lebendige Mischung unterschiedlichster Angebote angesiedelt hat. Ein japanischer Kiosk begeistert durch sein buntes Sammelsurium, ein Eismann sorgt für eine willkommene Erfrischung. Auch Ferienzimmer stehen bereit für alle, die hier überhaupt nicht mehr weg wollen. Im einstigen Palmenhaus empfangen Claude und Hannes vom JAJA Berlin die Gäste. Die Speisekarte ändert sich mit dem Wandel der Jahreszeiten und spiegelt wider, was in Flora und Fauna gerade Saison hat. Mittags und abends servieren die beiden nicht nur Speisen, die aus dem Feuer auf den Teller kommen, sondern auch eine abgestimmte Auswahl an Naturweinen. In Workshops werden die Gäste selbst aktiv und sammeln Wildkräuter, bereiten Kimchi, Kombucha oder Sauerteig zu.

Dorfmitte 11 · 17268 Gerswalde
WWW.JAJAWEIN.DE · WWW.DERGROSSEGARTEN.DE

UCKERMARK

STEIN-HÄGER-HOF

ÜBERNACHTEN MIT LAGERFEUER-ROMANTIK

In der schönen, naturlehmverputzten Ferienwohnung finden bis zu vier Gäste Platz. Eine Sommerküche im Garten kann mit genutzt werden, die herzlichen Gastgeber trifft man abends am Lagerfeuer. Frische Eier und Gemüse aus dem Permakultur-Garten auf Anfrage.

Querweg 2 · 17268 Gerswalde
WWW.PERMAKULTUR-UCKERMARK.DE

UM-FESTIVAL

KUNST UND MUSIK IN DER UCKERMARK

Alle zwei Jahre veranstaltet eine Gruppe Kulturschaffender an verschiedenen Orten das renommierte Festival mit Literatur, zeitgenössischer Kunst und Musik. Bespielt werden private Häuser, Gärten und Höfe, Dorfplätze, Bushaltestellen und Seen.

WWW.UM-FESTIVAL.DE

03

02

02 · ROTE SCHEUNE

SCHLAFEN IN DER BACKSTEINSCHEUNE

Von außen rustikal, von innen klar und modern – so zeigt sich das zu einem Gästehaus umgebaute ehemalige Stallgebäude aus rotem Backstein. Ab zwei Nächten.

Fergitz 7 · 17268 Gerswalde (OT Fergitz)
WWW.ROTE-SCHEUNE.COM

GUT FERGITZ

ÜBERNACHTEN AUF DEM GUTSHOF MIT SEEBLICK

Sehr geschmackvoll von einem Architekten- und Künstlerpaar umgebaute Gutsanlage mit Feldstein-Charme und zeitgenössischen Formen. Ferienwohnungen direkt am See. Besonders auch für Gruppen geeignet.

Fergitz 1–4 · 17268 Gerswalde (OT Fergitz)
WWW.GUT-FERGITZ.DE

03 · REGIONALLADEN FLIETH

DER GESCHMACK DER UCKERMARK

Wer sich nach einem Ausflug in die Uckermark noch mit Köstlichkeiten der Region eindecken will oder Mitbringsel für Städter sucht, wird hier fündig. Geöffnet freitags bis sonntags 9 bis 18 Uhr.

Suckower Straße 31 · 17268 Flieth-Stegelitz
WWW.REGIONALLADENFLIETH.DE

SEEHOTEL HUBERHOF

RESTAURANT UND ZIMMER AM WEG

Direkt an der Wanderstrecke bietet sich diese rustikale Einkehr an. Hier kann man am Ende der Tour ein kühles Getränk oder ein Abendessen genießen, bevor es zurück in die Stadt geht, oder gleich übernachten.

Dorfstraße 49 · 17291 Oberuckersee (OT Seehausen)
WWW.SEEHOTEL-HUBERHOF.DE

CELINE AKTIV REISEN

ESELWANDERN DURCH DIE UCKERMARK

Entschleunigung pur erlebt, wer sich als Wanderbegleiter einen Esel aussucht. Das Tempo bestimmt nun der Vierbeiner, aber schließlich trägt er auch das Gepäck. Tagestouren und Mehrtages-Trekkingtouren sind möglich.

Suckow 41 · 17268 Flieth-Stegelitz
WWW.CELINE-AKTIV-REISEN.DE

TIPP

In der mittelalterlichen Burgruine in Gerswalde finden neben Ritterlagern und Konzerten im Sommer regelmäßig Filmvorführungen vor beeindruckender Kulisse statt. An anderen Tagen kann man einen Blick ins Fischereimuseum oder in die Heimatstube werfen.

WWW.GERSWALDER-WASSERBURG.DE

WILDE KÜCHE UND WEITE WÄLDER

Als wir vor drei Jahren nach einem langen Wandertag erstmals ins *Forsthaus Strelitz* stolperten, hatten wir nur auf irgendein warmes Essen gehofft. Dass dies der Eröffnungstag für Wenzel Pankratz als Küchenchef sein sollte und wir statt der ersehnten Pommes ein ganz besonderes 6-Gang-Menü genießen durften, hat uns erst kurz überfordert. Und dann sehr beglückt. Mittlerweile ist das kulinarische Kleinod mitten im Wald längst kein Geheimtipp mehr. Zwar liegt dieses Wanderrevier ganz knapp nicht mehr in Brandenburg, aber die Strecken durch unberührte Weltnaturerbe-Wälder und vorbei an kristallklaren Seen zählen einfach zu unseren Lieblingstouren.

FORSTHAUS STRELITZ

NEUSTRELITZ · MÜRITZ-NATIONALPARK · MECKLENBURGISCHE SEENPLATTE (MV)

B

Bei der Frage danach, wie er selbst seine Küche erklären würde, greift sich Wenzel Pankratz in den Nacken und sucht nach Worten, während er spricht: »Ach, eigentlich will ich das gar nicht beschreiben. Ich koche das, worauf ich Bock habe. Das, was Sinn macht, je nach Saison, je nachdem was da ist.« Und das hat hier im Forsthaus Strelitz eine besondere Bedeutung — mit dem zu kochen, was gerade da ist. Denn mit »da« meint er den eigenen Hof. Alles wird hier selbst angebaut und selbst produziert. Auch das Fleisch stammt vom eigenen Hof, von den eigenen Tieren. Und das, was er nicht selbst produzieren kann, bekommt Wenzel aus der unmittelbaren Umgebung. »Fisch zum Beispiel, da habe ich drei oder vier Leute, die selber fischen. Der eine fängt Zander, der andere nur Hecht …«

Das Forsthaus liegt abgeschieden mitten im Wald. Laufkundschaft gibt es hier keine, dafür aber ländliche Idylle pur, die vielen Seen in der Umgebung, kleine Dörfer. Wenzel ist hier aufgewachsen, 2014 hat er das Restaurant von seinem Vater übernommen. »Eigentlich war es klar, dass ich das hier machen werde. Jedenfalls seit ich 16 oder 17 war. Es war nie so richtig eine Option, so einen Laden in Berlin oder anderswo aufzumachen.« Viel anderes angeschaut hat er sich trotzdem, er hat bei Sterneköchen gelernt und gearbeitet: in Berlin, in Kitzbühel, in der Schweiz und den Niederlanden. Und dann eben die Rückkehr ins Elternhaus nach Neustrelitz. »So einen Ort hier lässt man sich ja auch nicht entgehen.«

Am großen runden Tisch, an dem die Gäste gemeinsam speisen, kommt man früher oder später mit jedem ins Gespräch. Es herrscht eine familiäre Atmosphäre, neue Begegnungen sorgen für gute Unterhaltung. Aus der offenen Küche bringt die freundliche Bedienung mit schnellen Schritten einen köstlichen Gang nach dem anderen und erklärt mit ein paar Sätzen die Zutaten. Weil sie für alle Gäste die gleiche 6-Gang-Menüfolge serviert, kann man bei den schneller essenden Nachbarn schon mal schauen, was man gleich auf dem eigenen Teller haben wird. Alle schwärmen von den Kombinationen der Zutaten — Zander mit Lakritz und Zwiebel beispielsweise.

Das Kochen und Verarbeiten ist tatsächlich nur ein Teil von Wenzels Arbeit. »Die Abwechslung hier, die mag ich besonders«, erklärt er und setzt schwere Schritte in die Furchen des Gemüsebeets hinter dem Haus. Er gärtnert

und sammelt allerlei Essbares aus der Umgebung. So zum Beispiel auch die frischen Nadeln der mächtigen Douglasie, die auf der Wiese direkt neben dem Haus hoch in den Himmel hinauf ragt. Beim Abendessen hatte Douglasienöl ein Gericht aus Kohlrabi und kräftiger, fast sperrig schmeckender Fleischbrühe ergänzt. »Wie ich die von da oben geerntet habe? Sturmschäden«, muss er selbst lachen. »Anfangs konnte ich immer mit der Leiter ein Stück hoch und die Zweige dann runterreißen, aber jetzt geht das nicht mehr, die unteren Äste sind alle weg — und ich bin auch zu faul.«

Auch die Saison bestimmt natürlich, was auf das Menü gesetzt wird. »Der Winter ist eigentlich eine gute Jahreszeit, da hat man noch viel aus dem Sommer, Sachen, die man einlagern kann.« Sein Blick schweift über die Weckgläser und farbenfrohen Flaschen im Regal des Hofladens. Wie in einer Speisekammer stapeln sich hier Vorräte bis unter die Decke. »Aber jetzt im Frühling ist es schwieriger, da muss man sich schon was ausdenken.« Ein Gericht, das sich Wenzel ausdenken musste, sind die fermentierten Mairübchen, die der Schulter vom Milchkalb auf unserem Teller ein säuerlicher Begleiter sind. Auch die eingelegten Vogelbeeren, die am nächsten Morgen mit Joghurt und Honig zum Frühstück gereicht werden, sind ein köstliches Beispiel für die Haltbarmachung der Ernte aus dem letzten Jahr.

Allerhand Eingelegtes, selbstgemachte Marmeladen, Honig und Säfte kann der Gast hier kaufen — und sich damit auch vielleicht ein kleines bisschen den Geschmack des Abends im Forsthaus als Erinnerung mit nach Hause nehmen.

FORSTHAUS STRELITZ

Berliner Chaussee 1 · 17235 Neustrelitz
WWW.FORSTHAUS-STRELITZ.DE

Idyllisch gelegenes Restaurant mit hervorragender Küche und Zutaten aus dem Garten. Im kleinen Hofladen gibt es allerlei Eingemachtes und Selbstproduziertes für Zuhause. Übernachten lässt es sich in sehr stilvoll eingerichteten Zimmern, und es wird ein reichhaltiges Frühstück serviert. Frühzeitig reservieren ist dringend empfohlen!

TIPP

Im Forsthaus unbedingt rechtzeitig Tisch und Zimmer reservieren! Falls dort keine Übernachtung möglich ist, einfach auf schnurgeradem Forstweg 3 Kilometer weiter wandern bis nach Fürstensee, wo es weitere Unterkünfte gibt.

MECKLENBURGISCHE SEENPLATTE

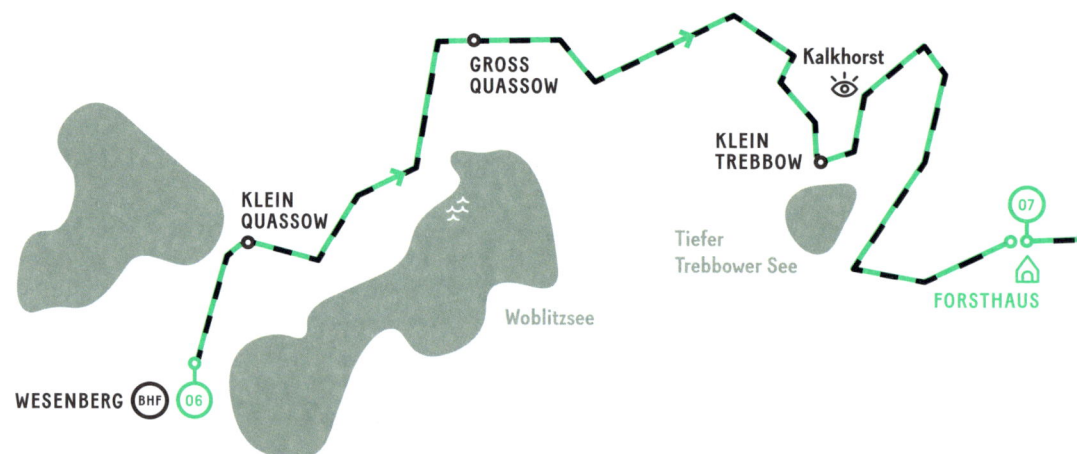

Drei Tage durch den Müritz-Nationalpark

3 TAGE · 20 KM / 20–28 KM / 17 KM · ⌂ ⚶ 👁

Wer länger am Stück unterwegs ist, erlebt pures Wandervergnügen und ein kulinarisches Highlight. Den ersten Tag beginnen wir mit der Anreise nach **WESENBERG** und wandern auf Tour ⑥ zum **FORSTHAUS STRELITZ** mit fabelhafter Küche und Gästezimmern. Unterwegs lassen sich Störche beobachten und ein Naturschutzgebiet erkunden. Am nächsten Tag führt Tour ⑦ durch waldreiches Gebiet bis nach **CARPIN**, wo im *Landgasthof zum Schlesersee* zu Abend gegessen und übernachtet wird. Eine herrliche Wanderung ⑧ durch urtümlichen UNESCO-Welterbe-Buchenwald mit wunderbarer Einkehr im *Gartencafé Serrahn* und Besuch in der *Nationalparkausstellung* führt am dritten Tag bis **NEUSTRELITZ** und mit dem Zug zurück nach Berlin.

1 KM

Serrahn

CARPIN

BERGFELD

08

SERRAHN

GRÜNOW

Jägerpöhl

Grünower See

Schweingartensee

Mühlenteich

Großer
Fürstenseer
See

HERZWOLDE

ÜRSTENSEE

Lutowsee

GRAMMERTIN

Plasterinsee

Sommerwochenende für Feinschmecker

2 TAGE · 20 KM / 3 KM · ⌂ 🏊

Samstags reisen wir nach **WESENBERG** an und werden nach einer abwechslungsreichen Wanderung (06) durch den *Müritz-Nationalpark* mit einem großartigen Abendessen im **FORSTHAUS STRELITZ** belohnt. Wir übernachten hier im stilvollen Zimmer. Nach einem ausgiebigen Frühstück spazieren wir sonntags nach **FÜRSTENSEE** und verbringen an einer von mehreren tollen Badestellen den Tag, bevor wir mit dem zuvor reservierten Taxi nach **NEUSTRELITZ** und von dort zurück nach Berlin fahren.

TIPP

Von Fürstensee nach Neustrelitz gibt es leider keine Busverbindung. Eine Taxifahrt kostet circa 20 Euro.

MECKLENBURGISCHE SEENPLATTE

MECKLENBURGISCHE SEENPLATTE

CHARAKTER

Über Wiesen und Felder sowie durch Waldgebiete führt uns dieser Abschnitt des *Müritz-Nationalparkweges*. Zur richtigen Jahreszeit kann man Weißstörche beobachten, die in dieser Gegend recht häufig sind. Im Naturschutzgebiet *Kalkhorst* lässt sich Wissenswertes zu Pflanzen und Tieren erfahren und mit dem *Forsthaus Strelitz* wartet am Ende der Etappe eine fantastische Einkehr- und Übernachtungsmöglichkeit auf uns.

WEGBESCHREIBUNG

Vom Bahnhof **WESENBERG** aus starten wir gen Norden und gelangen über den *Quassower Weg* zunächst durch Wohngebiet, dann durch Wald nach **KLEIN QUASSOW**. — Im Ort biegen wir rechts ab und stoßen bald erneut auf die Schienen der Bahnlinie. Wir überqueren die Gleise, um dann noch eine Weile an ihnen entlang zu laufen, bis der Weg in den Wald abzweigt. Wer einen Abstecher zum 🌲 **WOBLITZSEE** machen möchte, gelangt über den Campingplatz an sein Ufer. — Nachdem wir die *Steinhavel* überquert haben, treten wir aufs offene Feld hinaus. Noch einmal begegnen uns die Gleise, und bald erreichen wir das Storchendorf **GROSS QUASSOW**. Dort thront direkt am Ortseingang ein Storchennest auf einem Scheunendach. Die Infotafel dokumentiert, in

welchen Jahren die Vögel ihr Nest hier bezogen haben und wieviele Junge sie jedes Jahr hatten. — Der *Dorfstraße* folgen wir im Rechtsbogen und verlassen die Siedlung gen Osten. In einem Waldstück kreuzen wir abermals die Bahngleise. — An der *Voßwinkler Schleuse* überqueren wir das Wasser und gelangen in den Wald, den wir auf einem geraden Weg bis hin zur Landstraße durchwandern. — Der *Wesenberger Chaussee* folgen wir ein paar Meter, bis rechts ein Weg abzweigt, der uns bis zum Naturschutzgebiet *Kalkhorst* führt. Dessen Name rührt von den Kalkvorkommen, die seit dem Spätmittelalter hier abgebaut wurden. — Inmitten dieses idyllischen Mischwaldes liegt die Försterei. Dort wenden wir uns nach rechts und folgen weiter der Markierung. Wer möchte, kann von hier aus einen kurzen Abstecher zur Wasservogelwarte am **TIEFEN TREBBOWER SEE** machen. Die Schilder des Naturlehrpfades hinter dem Forsthaus erklären Pflanzen und Tiere, die wir mit etwas Glück beobachten können. Tief ausgehobene Löcher am Wegrand werden als ehemalige Wolfsgruben ausgewiesen — Fallen, mit denen man früher die Tiere fing. Moorige Flächen und ein alter Laubwaldbestand prägen diesen Abschnitt. — Über eine Lindenallee verlassen wir schließlich den Wald. — Hinter den freistehenden Häusern, die wir bald erreichen, zweigt der Weg scharf nach rechts ab. Wir treffen auf Bahngleise und laufen eine Weile lang neben dem Bahndamm weiter. ——— Dort, wo wir auf das nächste bewaldete Wegstück treffen, führt eine Brücke über den *Floßgraben* hinweg. Weiter folgen wir der Markierung Richtung **KLEIN TREBBOW**. ——— Noch vor dem Ort biegen wir nach links auf den Radweg neben der Bundesstraße ein. Die letzten 2 Kilometer geht es nun an der Straße entlang, bis wir das *Forsthaus Strelitz* →TIPP erreichen.

START

Wesenberg, Bahnhof (Zug)
Wesenberg (Meckl), Zentrum (Bus)

ZIEL

Forsthaus Strelitz
(kein ÖPNV)

MARKIERUNG

blaues M
»Müritz-Nationalparkweg«

AN- UND ABREISE

Ab Berlin mit dem Zug nach Neustrelitz, dort weiter mit dem Bus oder Zug (je nach Wochentag und Jahreszeit) nach Wesenberg. Das Etappenziel ist nicht an den öffentlichen Nahverkehr angeschlossen. Von dort kann allerdings ein Taxi für die Fahrt zum Bahnhof Neustrelitz gerufen werden.

WISSENSWERTES
KIEFERNWÄLDER

Brandenburg ist eines der waldreichsten Bundesländer, rund 37 Prozent der Landesfläche sind von Wald bedeckt, auf jeden Einwohner kommen 330 Bäume. Besonders typisch für den Brandenburger Wald sind weitläufige Kiefernbestände, nirgends in Deutschland wachsen so viele Kiefern wie hier. Natürlicherweise hätten Kiefernwälder nur einen Anteil von 1 Prozent, aber derzeit dominiert dieser schnellwachsende und anspruchslose Nadelbaum 70 Prozent der Waldfläche. Das soll sich ändern, denn Monokulturen sind anfällig für Schädlinge, Stürme und Brände. Ein langfristiger Umbau der Kiefernforste hin zu naturnäheren, standortgerechteren Mischwäldern ist bereits im Gange. Er soll nicht nur für mehr Artenreichtum sorgen, sondern den Wald stabilisieren und auch für den Klimawandel wappnen.

06 · 07 · 08

CHARAKTER

Sehr abwechslungsreich und mit mehreren Seen und herrlichen Bademöglichkeiten gespickt, führt diese Tour größtenteils durch waldige Gebiete, aber auch immer wieder über offenes Feld und durch kleinere Ortschaften. Eine leichte Abänderung der Strecke auf die unten vorgeschlagene Variante bietet sich nicht nur an, um Kilometer zu sparen, sondern auch, weil dort besondere Naturschönheiten warten.

WEGBESCHREIBUNG

Vom *Forsthaus Strelitz* →TIPP führt ein Sandweg schnurgerade durch den Wald gen Osten nach **FÜRSTENSEE**. —— Vom Ortsrand folgen wir der Markierung durch den Ort hindurch, bis wir auf die *Lindenstraße* treffen, auf der wir nach rechts zum **GROSSEN FÜRSTENSEER SEE** gelangen. Eine große Badestelle mit Steg und Liegewiese befindet sich direkt neben der Straße. Wer mehr Abgeschiedenheit sucht, wird ein paar Minuten später fündig. —— Wir bleiben auf der Straße, die vom See wegführt, und achten aufmerksam auf den Waldrand zur Linken, denn an einem Parkplatz führt der Weg schließlich in den Wald hinein. —— Dort treffen wir nun auf das Ostufer des *Großen Fürstenseer Sees*, wo es wunderschöne Naturbadestellen mit sandig-flachem Einstieg gibt. —— Weiter geht es durch den Wald, Heidel-

beersträucher säumen unseren Weg. Rechter Hand glitzert der **PLASTERINSEE** durch Kiefernstämme hindurch. —— Wenn wir auf die asphaltierte Straße am **LUTOWSEE** treffen, führt uns die blaue Markierung gegen den Uhrzeigersinn erst durch Wald, dann über freies Feld um den See herum. Wer aber Kräfte sparen will, geht an der Asphaltstraße nach links und folgt dem Westufer des Sees gen Norden direkt nach **HERZWOLDE**. —— In dem kleinen Ort lädt eine Badestelle mit Rastplatz am Nordufer des *Lutowsees* zum Verweilen ein. —— Von hier aus folgen wir der Markierung im Rechtsbogen durch den Wald. Nach rund 2,5 Kilometern bietet sich linker Hand eine →ABKÜRZUNG an, um rund 8 Kilometer Wegstrecke zu sparen. —— Wer nicht abkürzt, läuft weitere 2,5 Kilometer geradeaus weiter bis zum **MÜHLENTEICH**. Am Westufer entlang führt der Weg nach Norden zur *Steinmühle*, einer historischen Wassermühle am Ufer des **GRÜNOWER SEES**, die heute als Jugendwaldheim des Nationalparks dient. —— An der *Steinmühle* folgen wir dem Weg nach rechts Richtung **GRÜNOW**. —— Nach rund einer Stunde Gehzeit erreichen wir den Ortskern und biegen links auf die *Dorfstraße* ein. —— Hinter Grünow biegen wir noch einmal links in den Wald ab und gelangen durch den *Pruner Busch* nach **BERGFELD**. Nun ist es nicht mehr weit bis zum Etappen-

ziel. Nach 2 Kilometern über Feldwege erreichen wir **CARPIN**.

ABKÜRZUNG
VORBEI AM SCHWEINGARTENSEE
(~ 8 KM)

Einen schönen, wildromantischen Abschnitt
erleben wir, wenn wir rund 2,5 Kilometer hinter **HERZWOLDE** links Richtung **SCHWEINGARTEN-
SEE** abbiegen. —— Ein schmaler Pfad führt am
Seeufer entlang und wir passieren mehrere
Moorflächen, bis wir schließlich wieder auf den
markierten Wanderweg treffen, der uns rechter Hand zum Etappenziel nach **CARPIN** leitet.

START
Forsthaus Strelitz oder Fürstensee
(kein ÖPNV)

ZIEL
Carpin
(kein ÖPNV)

MARKIERUNG
(teilweise) blaues M
»Müritz-Nationalparkweg«

AN- UND ABREISE
Eine An- und Abreise mit öffentlichem Nahverkehr
ist bei dieser Etappe leider nicht möglich. Die
Wanderung muss deshalb in Verbindung mit Tour
06 und 08 gewandert werden.

TIPP
Für diese lange Tour ausreichend Proviant einpacken, unterwegs gibt es keine Einkehrmöglichkeit.

WISSENSWERTES
HUTEWÄLDER

In manchen Waldgebieten fallen vereinzelte, knorrige und sehr alte Bäume mit dicken Stämmen
auf, meist Eichen oder Buchen. Stehen sie einzeln
in einer Umgebung mit viel jüngeren Gewächsen,
sind es oftmals Überbleibsel einer seit Jahrtau-
senden üblichen Form der Waldnutzung. Schweine
wie auch Ziegen und Rinder wurden früher in den
Hutewald getrieben, um Nahrung zu finden: Baum-
früchte wie Eicheln oder Bucheckern sowie Blät-
ter und junge Triebe nachwachsender Bäume.
Die Weidetiere verhinderten so das Nachwachsen
neuer Bäume, weshalb nur die großen Exemplare
überdauerten. Auch der Wald an den Ufern des
Schweingartensees wurde auf diese Weise genutzt
und kam so zu seinem Namen.

MECKLENBURGISCHE SEENPLATTE

CHARAKTER

Auf dieser eindrucksvollen Etappe erleben wir den ursprünglichsten Teil des *Müritz-Nationalparks*. Ein Abschnitt durch alten Baumbestand mit UNESCO-Welterbe-Prädikat vermittelt eine Vorstellung davon, wie Buchenwälder hierzulande einst ausgesehen haben. An Seen und Mooren lassen sich Vögel beobachten, im Informationszentrum erfahren wir viel Interessantes und eine charmante Einkehr liegt ebenfalls auf dem Weg.

WEGBESCHREIBUNG

Wir verlassen **CARPIN** auf der *Goldenbaumer Straße* Richtung Süden. — An der Weggabelung geht es nach rechts der Markierung folgend in den Wald hinein. — Nach einigen Schritten durch lebendigen Mischwald treffen wir auf die Nordspitze des **SCHWEINGARTENSEES** und laufen ein paar Meter direkt am wunderschönen Ufer entlang. Wer zur richtigen Jahreszeit hier ist, kann die Wasserminze schon von Weitem riechen. — Weiter führt uns der Weg in einen beeindruckenden, naturbelassenen Wald mit teils jahrhundertealten Buchen. Dieses Gebiet gehört seit 2011 zum UNESCO-Welterbe *Alte Buchenwälder und Buchenurwälder der Karpaten und anderer Regionen Europas*. Hier lässt sich erahnen, wie die Urwälder in unseren Breiten einmal ausgesehen haben.

Seit 60 Jahren hat der Mensch hier nicht mehr eingegriffen, sondern den Wald sich selbst überlassen. Fällt ein Baum um, bleibt er liegen, verrottet langsam, und das Totholz dient unzähligen Tieren, Pflanzen und Pilzen als Lebensraum. — Bald erreichen wir die mitten im Wald gelegenen Häuser von **SERRAHN**. Neben der Einkehr zu Kaffee und Kuchen im privaten *Gartencafé* →TIPP lohnen sich ein Blick in die Naturfotoausstellung →TIPP im Nachbarhaus sowie ein Besuch in der Nationalparkausstellung →TIPP im *Forsthaus Serrahn*, um mehr über die Geschichte und Geheimnisse des einzigartigen Weltnaturerbes zu erfahren. — Nach der kleinen Stärkung laufen wir ein paar Meter des Weges wieder zurück, um unsere Strecke linker Hand auf einem Bohlenweg durch das Moor hinter dem Ort fortzusetzen. — Der *Walderlebnispfad* führt als Trampelpfad weiter und wir gelangen zum 👁 Aussichtsturm am **GROSSEN SERRAHNSEE**. Hier bietet sich ein Panoramablick über die Moorlandschaft mit zwei verlandeten Seen. Wer das Fernglas zückt, kann mit etwas Glück See- und Fischadler oder Kraniche beobachten. — Weiter führt der Pfad durch den Wald. An einer T-Kreuzung treffen wir wieder auf den *Müritz-Nationalparkweg*, dem wir nach rechts folgen. Den Laubwald lassen wir hinter uns und laufen nun der Markierung nach eine ganze Weile auf geraden

Forstwegen durch Kiefernbestände, an vielen Stellen säumen Heidelbeeren den Wegesrand. — Schließlich bietet sich eine Lichtung zur Rast an, von einem Hang aus blicken wir auf eine Moorwiese hinab. — Langsam nähern wir uns dem Stadtgebiet, ein alter gepflasterter Weg führt vorbei am **JÄGERPÖHL** zur Bundesstraße. — Ein paar Meter wandern wir an dieser entlang und biegen dann in die *Lessingstraße* ab, die uns ins Stadtzentrum von **NEUSTRELITZ** führt. Wer jetzt noch Zeit und Energie hat, schaut sich die ehemalige Residenzstadt genauer an. Der sternförmige Marktplatz, von dem aus acht Straßen in alle Himmelsrichtungen führen, rühmt sich als der einzige seiner Art in Europa.

START

Carpin
(kein ÖPNV)

ZIEL

Neustrelitz, Bahnhof

MARKIERUNG

(teilweise) blaues M
»Müritz-Nationalparkweg«

AN- UND ABREISE

Eine Anreise mit öffentlichen Verkehrsmitteln nach Carpin ist leider nicht möglich. Diese Tour muss deshalb in Verbindung mit Etappe 06 und 07 gewandert werden. Zurück nach Berlin geht es ab Neustrelitz mit dem Zug.

**WISSENSWERTES
BUCHENWÄLDER**

Nach Ende der letzten Eiszeit breitete sich die Buche über ganz Europa aus. Ohne menschlichen Einfluss wäre Deutschland heute zu zwei Dritteln von Buchenwäldern bedeckt. Um die Entwicklungsgeschichte zu dokumentieren und dieses Ökosystem zu schützen, zeichnete die UNESCO über 60 Buchenwaldgebiete in ganz Europa sowie Buchenurwälder in der Ukraine und der Slowakei als Weltnaturerbestätten aus, zu denen seit 2011 auch der Serrahner Wald zählt. In wirtschaftlich genutzten Wäldern werden Buchen nach rund 150 Jahren zur Holzgewinnung gefällt. Erst bei älteren Bäumen werden jedoch die Stämme dicker, die Rinde rissiger, es bilden sich Hohlräume und so entstehen Lebensräume für Pilze und Flechten, Kleinsäuger, Insekten und Vögel. Haben die Buchen ihr natürliches Lebensalter von 300 bis 400 Jahren erreicht, fallen sie um, machen Platz für junge Bäume und bieten weiteren Arten eine Heimat, bis sie vollständig zersetzt sind.

MECKLENBURGISCHE SEENPLATTE

01 · FORSTHAUS STRELITZ
STILVOLL ÜBERNACHTEN AUF DEM BAUERNHOF

Nach einem fantastischen Essen nur wenige Meter weiter ins frisch gemachte Bett fallen kann man in einem der hübschen, schlichten Zimmer direkt auf dem Hof. Mit selbst gebackenem Brot und einem tollen Frühstück beginnt der nächste Tag. Man möchte gerne länger bleiben.

Berliner Chaussee 1 · 17235 Neustrelitz
WWW.FORSTHAUS-STRELITZ.DE

NATURSCHUTZGEBIET HEILIGE HALLEN
ZWISCHEN BAUMRIESEN SPAZIEREN

Im wohl ältesten Buchenwald Deutschlands sind die Methusalems unter den Bäumen um die 350 Jahre alt. Die hallenartige Atmosphäre inmitten der riesigen Stämme war früher wohl noch eindrücklicher, daher der Name. Die als Totalreservat ausgewiesene Kernzone darf nur auf einer geführten Tour betreten werden, ein ausgeschilderter Wanderweg führt jedoch darum herum. Sehr lohnenswerter Abstecher für alle, die mit dem Auto unterwegs sind. Die Entfernung zu Neustrelitz beträgt rund 30 Kilometer.

WWW.WALD-MV.DE/FORSTAEMTER/LUETTENHAGEN/
WALDBESUCHER/

01

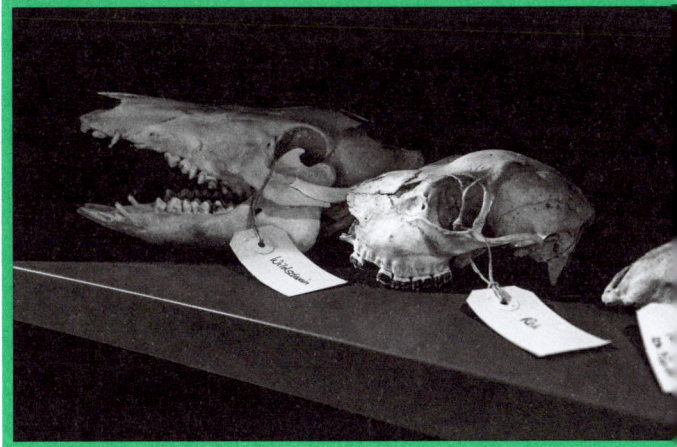

02

02 · NATIONALPARKINFORMATION SERRAHN
KLEINE AUSSTELLUNG
ZUM UNESCO-WELTNATURERBE

In einer kleinen multimedialen Ausstellung zum Reich der Buchen erfahren Groß und Klein mehr über die imposanten Buchenwälder, die seit 2011 zum UNESCO-Welterbe gehören. Geöffnet ist von Mai bis Oktober täglich von 10 bis 17 Uhr und wann immer die Tür aufgeschlossen ist.

Forsthaus Serrahn · 17237 Carpin (OT Serrahn)
WWW.MUERITZ-NATIONALPARK.DE

GARTENCAFÉ SERRAHN
SELBSTGEBACKENER KUCHEN AUF
DER TERRASSE IM WALD

Ein gut verstecktes Kleinod ist das private Gartencafé von Kristina Lange-Weber. Hier werden Getränke und frisch gebackene Kuchen in herzlicher Atmosphäre mitten im Welterbe-Wald serviert. Wetterabhängig meist täglich ab 14 Uhr geöffnet. Bitte vor dem Besuch anrufen.

T 039821 40204 · M 0176 20055648

NATURFOTOGRAFIE ROMAN VITT
FOTOAUSSTELLUNG UNTERM DACH

Auf einem alten Speicher lassen sich Tiere und Pflanzen der Umgebung auf beeindruckenden Bildern bewundern. Auf Anfrage werden Fotoexkursionen in kleiner Gruppe angeboten. Und wer einmal das Leben im Wald fernab vom Trubel des Alltags ausprobieren möchte, kann eine der zwei hellen Ferienwohnungen mieten.

Serrahn 1 · 17237 Carpin (OT Serrahn)
WWW.NATURFOTOGRAFIE-ROMAN-VITT.DE

LANDGASTHOF AM SCHLESERSEE
GUTBÜRGERLICH ESSEN

Im urigen Fachwerkhaus mit Biergarten geht es rustikal zu. Mit bodenständiger Küche versorgt man dort hungrige Wanderer. Auch werden Zimmer zur Übernachtung angeboten.

Hauptstraße 25 · 17237 Carpin
WWW.LANDGASTHOF-SCHLESERSEE.DE

06 · 07 · 08

PLANWAGENCAMPING & FERIENBAUERNHOF
IM PLANWAGEN DIE NACHT VERBRINGEN

Wie auf großer Fahrt ins Abenteuer lässt es sich auf dem Ferienbauernhof der Familie Köster übernachten. Statt aber morgens die Pferde anzuspannen und aufzubrechen kann man den Tag gemütlich auf dem Hof verbringen, Hühner und Gänse füttern, Eier sammeln, einen Ausritt unternehmen oder mit Alpakas kuscheln. Von Frühjahr bis Herbst finden bis zu sechs Personen je Wagen einen Schlafplatz unter dem Planendach, auch Ferienwohnungen sind verfügbar.

Am Nationalpark 31 · 17237 Grünow
WWW.PLANWAGENCAMPING.DE

INSELGLÜCK UND BLÜTENMEER

Von der Sortenvielfalt und den so unterschiedlichen Aromen sind wir besonders beeindruckt, als wir Christoph Steinhauer in seiner *Blütenmeer Imkerei* besuchen. Er produziert auf dem Gelände einer ehemaligen Papierfabrik im *Naturpark Westhavelland* Honige in Bioqualität. Auf unserer Wanderung ist Wasser das Hauptthema. Immer entlang der Dosse geht es bis zu einem lang gestreckten Rinnsee, an dessen Ufer wir mit dem Boot zur *Insl* übersetzen, einem wahrhaften Paradies für Ausflügler, das allein schon wegen der liebevoll eingerichteten Wirtschaft einen Besuch lohnt.

BLÜTENMEER IMKEREI
KYRITZ · NATURPARK WESTHAVELLAND · OSTPRIGNITZ-RUPPIN

G

Geschäftiges Summen erfüllt die Frühsommerluft, abertausende Bienen schwirren umher. Imker Christoph Steinhauer führt uns an ziegelgemauerten Hallen vorbei zu bunten Holzkästen verschiedener Größen, die sich auf einer Wiese aneinander reihen. Um die Fluglöcher der Bienenstöcke herum sitzen Bienen und sonnen sich. Hier werden Honige produziert und neue Königinnen aufgezogen. »So eine Imkerei steht und fällt mit den Stockmuttern«, meint Christoph und erzählt, dass er und sein Freund und Geschäftspartner Sebastian Kromer diese selbst züchten und nicht etwa zukaufen. Achtsam öffnet er den Deckel eines großen Bienenstocks, zieht langsam einen mit Honig gefüllten Holzrahmen heraus und fährt fort: »Es ist gut, wenn man viele Völker hat. Wir beobachten sie übers Jahr und entscheiden dann, welche der Königinnen wir als Zuchtmutter nehmen wollen: wenig Schwarmtrieb und gut Honig; sanftmütig und gesund muss sie sein.«

Seit 2012 betreibt Christoph das Imkern hauptberuflich, gegründet haben er und Sebastian ihre Imkerei aber schon fünf Jahre zuvor. Mit 30 Bienenvölkern haben sie angefangen, »heute sind es 500«, berichtet der gelernte Chemiker und deutet uns den Weg zu den Produktionsräumen. Die Räume, in denen er heute seine Imkerei betreibt, sind die Hallen der ehemaligen Patent-Papierfabrik in Hohenofen von 1838. Hier wurden bis zur Wende Spezialpapiere aus Lumpen hergestellt. Der Gang durch die riesigen Hallen kommt uns vor wie eine Zeitreise. Alte Becken in den oberen Stockwerken und eine massive Papiermaschine mit Walzen und Pressen sehen aus, als wären sie gerade erst verlassen worden, große Papierrollen stehen aufgereiht nebeneinander.

Als er die Eisentür zu einem Werkstattraum öffnet, strömt der wohlige Duft von frischem Bienenwachs heraus. Es riecht, als hätte jemand eine Blechschachtel mit Wachsmalstiften aufgeklappt. »Das war das, was mich so fasziniert hat. Kurz nach dem Studium habe ich eine alte Frau kennengelernt, die geimkert hat. Und dieser Geruch und dieses ruhige Brummen … das hat mich einfach nie mehr losgelassen. Bei ihr habe ich das Handwerk gelernt.«

Christophs Arbeitsrhythmus folgt dem Rhythmus der Bienen: »Die Bienen machen Honig von Mai bis Juli. Das sind nur drei Monate. Und ich als Imker muss das erfüllen, was die Biene vorgibt.« Im Sommer beginnen die Tage früh um vier Uhr und dauern bis abends um acht. Das schlauche schon.

Aber die Arbeit sei eben auch eine sehr wohltuende. Zufrieden sieht der gebürtige Sachse aus, wenn er von seinem Leben als Imker spricht. Und er fährt fort, das Bienenjahr zu beschreiben: »Die Weide blüht zuerst. Danach kommt dann der Raps, den wir auch jetzt gerade haben. Das ist in Brandenburg oft sehr schwierig, weil diese Jahreszeit meist sehr trocken ist und die Bienen dann zu wenig Tracht haben. Dann wandern wir mit den Bienen.« Mit ruhigen Schritten überquert er den Hof hinüber zu zwei Fahrzeugen. Auf deren Ladeflächen montiert sind Kräne zum Umladen und Transportieren der Völker. Mit diesen Geräten werden die Völker zu Orten gefahren, an denen sie wieder Nahrung finden. »Zu gucken, wo gute Trachtquellen sind, ist das Wichtigste für den Imker.«

Dank seiner guten Kenntnis des Umlands weiß Christoph für seine Bienen besonders vielversprechende Standorte, an denen die Tiere auch mal den Nektar ganz außergewöhnlicher Blüten sammeln und zu Honig verarbeiten. Im Honiglager, zwischen unzähligen Fässern und Regalen voller Gläsern, bekommt man einen guten Eindruck von der Vielfalt der Honige. Die *Blütenmeer Imkerei* produziert deutschlandweit die meisten Honigsorten, fast 20 sind es derzeit. Einige davon sind so speziell, dass man sie nur hier bekommt. Wickenhonig ist so eine Rarität. Und auch aus Ahornblüten entsteht eine ganz besondere Spezialität, »der hat so'n bisschen einen ins Bittere gehenden Geschmack«, beschreibt Christoph seinen Lieblingshonig. Mit einem Klicken öffnet er das nächste Glas und schwärmt von einer noch ungewöhnlicheren Honigsorte: »Ich habe einen Freund, der hat eine Insel in einem See, dort gibt es nur Weißdorn. Drumherum Wasser und sonst nichts. Das heißt, die Bienen können nur zu diesen Blüten fliegen. Ich hab den reinsten Weißdornhonig überhaupt!« Wirklich fantastisch schmeckt der. Kräftig, und wir haben direkt diesen berauschenden Duft in der Nase, der jeden blühenden Weißdornbusch umgibt.

**BLÜTENMEER
IMKEREI**

Neustädter Straße 25
16845 Sieversdorf-Hohenofen (OT Hohenofen)
WWW.BLUETENMEER-IMKEREI.DE

In Bioland-Qualität produzierte Honige, viele seltene Sorten. Zu kaufen gibt es sie ab Hof und in Berliner Bio- und Naturkostläden. Auf Anfrage sind Imkerei-Führungen möglich. Der Betrieb ist auf dem Gelände der historischen Patent-Papierfabrik Hohenofen ansässig, in der regelmäßig tolle Kulturveranstaltungen sowie Tage des offenen Denkmals stattfinden. Führungen ebenfalls auf Anfrage.

Sommerseen-Wochenende mit Übernachtung im Tiny House

2 TAGE · 20 KM · ⌂ ⛺

Wer zwei Tage Zeit mitbringt, kann in dieser Gegend viel erleben. Am ersten Tag erkunden wir wandernd die idyllische Gegend entlang der Dosse (Tour 09) und nehmen bei einem Abstecher zur sagenumwobenen Mumie des *Ritters Kalebuz* noch etwas Gruselkabinett-Feeling mit. Wem Pferde lieber sind als Mumien, dem wird eine Führung auf dem Gestüt in Neustadt (Dosse) gefallen. Zum Sundowner setzen wir über auf die *Insl*, bevor wir beispielsweise in den niedlichen *Tiny Houses* in **KYRITZ** Quartier beziehen. Der zweite Tag gehört dann ganz und gar dem See. Tretboot-, Kanuoder Rudertouren, ein Buch lesen auf der Badewiese, zu Kaffee und Kuchen nochmal hinüber zur Insel — so lässt sich der Sommer genießen.

Am Fluss entlang mit allerliebster Einkehr

1 TAG · 20 KM · ⌂ ⛺

Packt die Badehose ein für diesen wunderbaren Sonntagsausflug! Wer einen herrlichen Wandertag am Wasser verbringen will und früh mit Zug und Bus nach **HOHENOFEN** anreist, kann am Ende von Tour 09 mit der Fähre übersetzen und viel Zeit auf der *Insl* verbringen. Dort lassen wir bei einem kalten Getränk die Füße vom Steg baumeln oder gehen schwimmen. Anschließend geht's von **KYRITZ** aus zurück nach Hause.

TIPP

Die Insl ist nur von Frühjahr bis Herbst Mittwoch bis Sonntag geöffnet und nur dann verkehrt auch die Fähre. Samstag ist die Insl nur bis 17 Uhr für die Öffentlichkeit geöffnet (die Fähre zur anderen Seeseite verkehrt länger), deshalb empfiehlt sich eine Wanderung mit anschließender Einkehr auf der Insl sonntags. Bei Gewitter bleiben Insl und Fähre geschlossen.

Gemeinsam raus aufs Land

2 TAGE · 20 KM · 🏠 ⛵

Für kleinere und größere Gruppen ist ein Aufenthalt auf *Gut Tornow* traumhaft. Samstags geht's zur vorab angefragten Führung in der *Blütenmeer Imkerei* in **HOHENOFEN**, dann geht es los zur Wanderung ⑨ entlang der Dosse und Einkehr auf der *Insl*. Die Fähre bringt uns ans selbe Ufer zurück, und in einer guten Stunde erreichen wir zu Fuß *Gut Tornow*. Am Lagerfeuer klingt der Tag aus. Den Sonntag verbringen wir auf dem Hof, besuchen die Tiere oder nehmen sogar eine Reitstunde. Zu Fuß oder mit dem Taxi gelangen wir am Abend zurück nach **KYRITZ** und von dort nach Berlin. Wer eine Nacht länger bleibt, kann noch einen entspannten Tag am See verbringen.

TIPP

Früh reservieren lohnt sich, Gut Tornow
ist weit im Voraus ausgebucht.

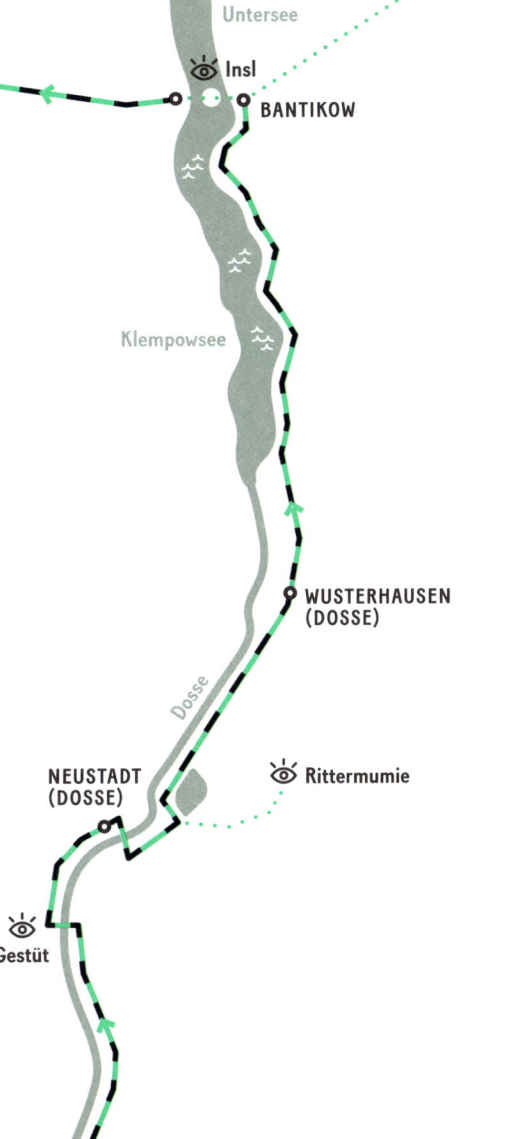

CHARAKTER

Wasser ist das Hauptthema dieser Tour. Immer entlang der *Dosse* führt unser Weg durch eine idyllische Landschaft und schließlich zum See mit Badegelegenheiten. Unterwegs ergibt sich die Möglichkeit, ein Gestüt zu besichtigen oder einen Abstecher zur Mumie des *Ritters von Kalebuz* zu unternehmen. Unser absolutes Highlight ist die Einkehr auf einer liebevoll herausgeputzten Insel am Ende der Tour, mit Fährfahrt, Stärkung und Entspannung im Liegestuhl.

WEGBESCHREIBUNG

Die Bushaltestelle in **HOHENOFEN** liegt direkt neben dem Gewässer, das uns heute den ganzen Tag lang begleiten wird. Von der *Hauptstraße* geht rechter Hand der *Dossewall* ab. Wir haben das Wasser zur Linken, während der Weg zunächst noch an Häusern entlang führt, aber schon bald immer naturnaher wird. — Nach ungefähr einer Stunde sehen wir auf der linken Seite eine herrschaftliche Anlage. Die Pferde am Zaun verraten, dies ist das *Brandenburgische Haupt- und Landgestüt Neustadt (Dosse)* →TIPP. Es umfasst zwei in strenger Symmetrie gebaute Anlagen, die über eine schnurgerade Allee miteinander verbunden sind. Preußenkönig Friedrich Wilhelm II. gründete das Gestüt, um selbst Pferde für

sein Heer züchten zu können und nicht mehr auf Zukauf von außerhalb angewiesen zu sein. Auf einer Führung kann man mehr über die Geschichte des Gestüts erfahren. — Wir treffen auf eine Straße, biegen links ab und überqueren die *Dosse*, um unseren Weg nun am gegenüberliegenden Flussufer fortzusetzen. Wer am Hang der Böschung seine Picknickdecke ausbreiten will, kann dies hier mit Blick aufs Wasser tun. — Vorbei an weiteren Pferdeweiden und auf teils schmalen Pfaden am malerischen Ufer gelangen wir nach **NEUSTADT (DOSSE)**. — Im Ortskern trifft unser Weg auf die *Prinz-von-Homburg-Straße*, auf die wir nach rechts einbiegen, bis wir nach ein paar Schritten erneut die *Dosse* überqueren. — Dahinter direkt links geht es wieder aus dem Ort hinaus. — Nachdem wir unter Bahngleisen hindurchgelaufen sind, gelangen wir an einen Querweg. Wer sich für Mumien und Skurrilitäten interessiert, kann von hier aus rechts einen insgesamt 3 Kilometer langen **ABSTECHER** zum 👁 *Ritter Kalebuz* →TIPP unternehmen. Alle anderen gehen links an den Gleisen entlang weiter. — Bald darauf geht es nach rechts und wir treffen wieder auf den Fluss. Ab jetzt fließt die *Dosse* gemächlich links neben uns her, über eine längere Strecke umgeben uns Wiesen und Felder. Eichen, Erlen und Birken säumen diesen besonders schönen Abschnitt und bilden ein schattiges Dach über unseren Köpfen. —— Nach einiger Zeit macht die *Dosse* einen Linksbogen, wir aber halten uns weiter geradeaus und erreichen bald den Ortsrand von **WUSTERHAUSEN**. —— Wir überqueren eine große Straße und folgen der *Berliner Straße* nach links in den Ortskern hinein. —— Weiter geht es Richtung Norden, vorbei am Markt mit seinen Fachwerkhäusern. Dort fällt auch das hübsche Gebäudeensemble aus spätgotischer Pfarrkirche, Rathaus und dem sehenswerten *Wegemuseum* auf. —— Wir treffen wieder auf die *Dosse*, überqueren sie und gehen nach rechts auf die *Seestraße*. —— Nach 250 Metern wechseln wir links auf den *Klempowweg*, der uns zur Seenkette führt. Nördlich des Ortes erstrecken sich zwei langgezogene Rinnenseen. Am südlicheren der beiden, dem ⚇ **UNTERSEE**, der sich in *Klempowsee* und *Bantikower See* unterteilt, befindet sich unser Wanderweg. —— Auf dem Uferweg laufen wir nun 5 Kilometer an der bewaldeten Ostseite des Sees entlang. Schöne Wege mit teils sehr verwunschenen Abschnitten, immer mit Blick aufs Wasser, sorgen für Wandergenuss. Mehrere Bademöglichkeiten, sowohl angelegte als auch ganz naturbelassene, locken zum Sprung in die Fluten. —— Nach dem Campingplatz kommen wir bald an unser nächstes Etappen- und Einkehrziel: Ungefähr auf der Hälfte des Sees liegt die kleine, fast kreisrunde Insel. Am Bootsanleger rufen wir den Fährmann herbei, indem wir auf eine aufgehängte Bratpfanne klopfen. Er bringt uns zur charmanten Ausflugsgastronomie 👁 *Insl*

→TIPP mitten auf dem See. —— Von dort aus erreichen wir wiederum mit der Fähre schließlich das Kyritzer Ufer. —— Nun sind es noch knapp 4 Kilometer bis zum Bahnhof **KYRITZ**. Ein gutes Stück geht es durch die *Waldkolonie*, bis uns die *Seestraße* in den Ortskern führt. großen *Friedenseiche* und der spätgotischen *Marienkirche* macht dieses hübsche Städtchen sehenswert. Man kann sogar in winzigen, modern gestalteten Ferienhäuschen →TIPP direkt an der alten Stadtmauer übernachten.

START

Hohenofen, Bushaltestelle

ZIEL

Kyritz, Bahnhof

60

MARKIERUNG

keine durchgängige Markierung

AN- UND ABREISE

Ab Berlin mit dem Zug nach Neustadt (Dosse), von dort aus weiter mit dem Bus zum Startpunkt. Ab Kyritz mit dem Zug zurück nach Berlin.

TIPP

Die Fähre verkehrt nur von Frühjahr bis Herbst von Mittwoch bis Sonntag und nicht bei Gewitter. Alternativ kann ab Wusterhausen am Westufer des Sees nach Kyritz gewandert werden.

OSTPRIGNITZ-RUPPIN

01 · TINY HOUSES KYRITZ

WOHNEN IN HISTORISCHEN TINY HOUSES

Im Kyritzer Klosterviertel liegt man wohntechnisch voll im Trend. Nur, dass die niedlichen Kleinsthäuser hier bereits im 18. Jahrhundert als sogenannte Budenhäuser gebaut wurden — zur Beherbergung von Tagelöhnern. Heute sind sie charmant restauriert und stehen Übernachtungsgästen offen.

Weberstraße 99–103 · 16866 Kyritz

FERIENHOF GUT TORNOW

GRUPPENFREUNDLICHER GUTSHOF MIT TIEREN

Esel, Wollschweine und Ziegen besuchen, am Lagerfeuer sitzen oder Reitstunden nehmen — wer hier Zeit verbringt, dem wird nicht langweilig. Das familienfreundliche Gut vermietet mehrere Ferienwohnungen und verkauft eigene Produkte aus dem Gemüsegarten im Hofladen.

Tornower Straße 24 · 16866 Wusterhausen / Dosse
WWW.GUT-TORNOW.DE

02

02 · INSL

INSELIDYLL MIT KÖSTLICHER EINKEHR

Einfach zauberhaft ist dieses Kleinod mitten im See. Im liebevoll eingerichteten Gasthaus werden Getränke, Eis und verschiedene Speisen serviert. Ab und an finden Veranstaltungen wie Tanztee oder Impro-Theater statt. Geöffnet ist mittwochs bis sonntags von 12 bis 21 Uhr, allerdings steigen auch regelmäßig Hochzeitsfeiern in diesem schönen Ambiente, deshalb dürfen Besucher samstags nur bis 17 Uhr bleiben. Bei Gewitter bleibt die Insel geschlossen, ebenso in den Wintermonaten. Überfahrt per Fähre für rund 2 Euro.

Insel auf dem Untersee
WWW.INSL.DE

03

PATENT-PAPIERFABRIK HOHENOFEN E.V.
KULTURPROGRAMM
IM INDUSTRIEDENKMAL

Die deutschlandweit einzige Anlage mit komplett erhaltener historischer Papierproduktionslinie ist heute als technisches Denkmal geschützt, von 1838 bis 1992 wurden hier Spezialpapiere hergestellt. Ein Gang durch die hohen Hallen mit ihren monumentalen Maschinen, Walzen und Bottichen ist fast wie eine Zeitreise. Auf Anfrage sind Führungen möglich, bei Veranstaltungen wie Poetry Slams oder Konzerten dienen die Hallen als beeindruckende Kulisse.

Neustädter Straße 25 · 16845 Sieversdorf-Hohenofen
(OT Hohenofen)
WWW.PAPIERFABRIK-HOHENOFEN.DE

03 · BRANDENBURGISCHES HAUPT- UND LANDGESTÜT
STALLDUFT SCHNUPPERN

Einen Blick hinter die Kulissen des »Sanssouci der Pferde« bekommt man bei einer rund einstündigen Besucherführung, die von April bis September jeden Sonntag um 14 Uhr stattfindet. Keine Voranmeldung, Treffpunkt ist am Landstallmeisterhaus. Außerdem finden jedes Jahr Hengstparaden, Fohlenfest und Weihnachtsgala statt.

Hauptgestüt 10 · 16845 Neustadt (Dosse)
WWW.NEUSTAEDTER-GESTUETE.DE

BOOTSVERLEIH AM STRANDBAD KYRITZ
DIE INSEL MIT DEM BOOT UMRUNDEN

Wer nicht schwimmend und auch nicht mit der Fähre zur Insl rüber will, kann sich einfach ein Boot mieten! Im Strandbad auf der Kyritzer Seeseite stehen Ruderboote, Kanus und Tretboote zur Auswahl.

Seestraße 120 · 16866 Kyritz
WWW.STRANDBAD-KYRITZ.DE

MUMIE DES RITTERS KALEBUZ
»... SO SOLL MEIN LEICHNAM NICHT VERWESEN«

Ritter Kalebuz sagte man nach, er habe aus Rache den Verlobten einer Dienstmagd ermordet, als diese ihrem Herrn das Recht der ersten Nacht verwehrte. Vor Gericht soll der Ritter seine Unschuld beteuert und gerufen haben, dass sein Leichnam nicht verwesen solle, falls er doch der Mörder sei. Zwar wurde er mangels Beweisen freigesprochen. Doch als man 1794 die Gruft abreißen wollte, fand man Kalebuz im Sarg tatsächlich unverwest vor. Ab Neustadt gelangt man auf einem Abstecher von rund 30 Minuten zu Fuß nach Kampehl. Öffnungszeiten auf der Website beachten, in den Wintermonaten geschlossen.

Kampehl 29c · 16845 Neustadt (Dosse) (OT Kampehl)
WWW.KALEBUZ.DE

01

60

WEITE BLICKE UND KLARE BRÄNDE

Nicht weit vom UNESCO-Weltnaturerbe *Grumsiner Forst* fertigt Thomas Blätterlein in der *Grumsiner Brennerei* unter anderem Gin, Whisky und Korn. Für letzteren verwendet er sogar eigens rekultivierte, alte regionale Getreidesorten. Die weite Landschaft nahe der polnischen Grenze zeigt sich wunderbar abwechslungsreich. Alte Buchenwälder, stille Gewässer und eine phänomenale Aussicht gehören zu unseren persönlichen Highlights.

GRUMSINER BRENNEREI
ANGERMÜNDE · BIOSPHÄRENRESERVAT SCHORFHEIDE-CHORIN · UCKERMARK

GIN

UCKERMARK

H

»Hier, riechen Sie mal. Und schmecken Sie mal!« ermuntert Thomas Blätterlein uns. Fruchtig-malzig ist der reine Alkohol in der Nase und schmeckt gar nicht so stechend wie befürchtet. Dies aber ist erst der Feinbrand, der Ausgangspunkt. Bis zum fertigen Destillat fehlen noch ein paar Arbeitsschritte.

Im Verkaufsraum der *Grumsiner Brennerei* drängen sich in den Regalen Flaschen all der Spirituosen, die hier produziert werden. Liköre mit dem Saft heimischer Früchte, verschiedene Obst- und Getreidebrände — alles, was das Herz begehrt. Die kupferglänzende Brennblase neben sich, erklärt der Inhaber das Prozedere des Doppelbrands: »Unten haben wir eine Raubrandanlage, für die erste Destillation. Hier oben brennen wir dann noch ein zweites Mal. So hat man auch früher in der Regel gearbeitet.« Blätterlein ist es wichtig, dass seine Produkte authentisch sind. »Brennereien gab es hier in Brandenburg viele. In fast jedem Ort steht ja heute noch so ein hoher Schornstein.«

Nur ein paar Schritte weiter geht es zum Keller, wo Whisky und Korn unter einem Backsteingewölbe lagern. Im Halbdunkel reicht uns Blätterlein einige kleine Gläser. »Wir haben jetzt im Glas einen Korn aus Bio-Weizen vom Gut Wilmersdorf, doppelt gebrannt, mehrfach destilliert, holzfassgelagert in Rumfässern aus Martinique. Liegt jetzt hier zwei Jahre. Korn hat keinen guten Ruf. Er hat aber die gleiche Produktionsabfolge wie ein Whisky«, moderiert der Fachmann unsere kleine Verkostung an. Und tatsächlich, es schmeckt überhaupt nicht wie herkömmlicher Korn. Eine überraschende Aromenvielfalt steckt in dem Destillat.

Die Begeisterung des Gastgebers für sein Handwerk überträgt sich schnell auf uns. Nicht nur vom Destillationsprozess spricht er, er hat auch einiges über das Getreide zu berichten, das er verwendet. Denn hier ist er besonders einfallsreich. Einen Strauß grüne und gelbe Stängel in der Hand, führt er den erst in den Neunzigern wiederentdeckten Norddeutschen Champagnerroggen vor — mit dieser alten Sorte brennt er heute. Außerdem schwärmt er von zwei wirklichen Kostbarkeiten, an denen er neuerdings arbeitet. Durch seine Zusammenarbeit mit dem VERN, dem Verein zur Erhaltung und Rekultivierung von Nutzpflanzen, und mit der Bayerischen Landesanstalt für Landwirtschaft gelangte der Brenner an seltene Samen, die er nun durch einen benachbarten Bauern vermehren lässt. Eine dieser Raritäten war in früheren

Zeiten eine in Norddeutschland ganz typische Feldfrucht. Sie trägt den wundervoll altmodischen Namen *Dr. Franks grannenabwerfende Imperialgerste*. Die Eigenschaft der Ähren, ihre piksenden Grannen zu verlieren, macht sie angeblich komfortabler zu ernten. Auch beim Mais für den Bourbon will Blätterlein schon bald mit einer besonderen Sorte arbeiten, die früher speziell in der Uckermark als Nahrungsmittel angebaut wurde — die *Braune Schindelmeiser*. »Hier treffen sich Sortenerhalt, Regionalität und Wertschöpfung in der Region«, fasst Blätterlein sein Konzept zusammen.

Kaum ist er mit dem Thema Getreide fertig, hat der umtriebige Mann mit dem sächsischen Dialekt es plötzlich eilig. In einem Raum unterhalb der Ladenetage will der Abtrieb gewechselt werden, der Destillationsvorgang ist fertig. »Hier muss jeder Handgriff sitzen. Sobald man eine Sache falsch macht …« er rollt die Augen, »irgendwas passiert auf jeden Fall«. Die Anlage zischt und brummt, Metall schlägt aneinander, während Blätterlein einen Hebel nach dem anderen umlegt, Klappen öffnet und wieder schließt, Behälter austauscht. Er beendet den zweiten Raubrand-Durchlauf des Tages.

Draußen im Hof dürfen wir endlich auch den Gin probieren. Durch einen mundgeblasenen Schnapsspender gluckert die klare Flüssigkeit in die Verkostungsgläser. Erst wird geschnuppert, dann vorsichtig am Glas genippt. Wir versuchen, die einzelnen Aromen herauszuschmecken, die sich um die Zunge legen. Orange, Zitrone, Wacholder. Vielleicht noch Nelke? »Nelkenblüte«, korrigiert Blätterlein. Insgesamt werden zur Herstellung des *Grumsiner Gins* 22 Kräuter und Gewürze verwendet. Welche genau, bleibt natürlich geheim.

Ein feuchtfröhlicher Kurzurlaub

3 TAGE · 4 KM / 16 KM ·

Auf dem charmanten *Gut Wolletz* lassen sich drei entspannte Tage verbringen. Wir reisen Donnerstagabend an. Freitags locken der See vor der Haustür und leckere Gerichte im *Kaffee Konsum*, oder man verpflegt sich auf dem Gutshof selbst. Samstags nehmen wir den Bus nach **ALTKÜNKENDORF** und erleben am frühen Nachmittag ein Gin-Tasting in der *Grumsiner Brennerei*. Wer Lust hat, kann zuvor noch die Führung durch den *Grumsiner Forst* mitmachen und eine Menge über das beeindruckende UNESCO-Weltnaturerbe erfahren. Zurück nach **WOLLETZ** geht es dann zu Fuß in rund einer Stunde. Am Sonntag wandern wir auf Tour ⑩ einmal um den *Wolletzsee* herum und machen vielleicht noch einen Abstecher zum Naturerlebniszentrum *Blumberger Mühle*. Dieser Ausflug eignet sich auch prima für Gruppen. Wer Zeit hat, sollte auf dem Gutshof noch ein paar Tage dranhängen.

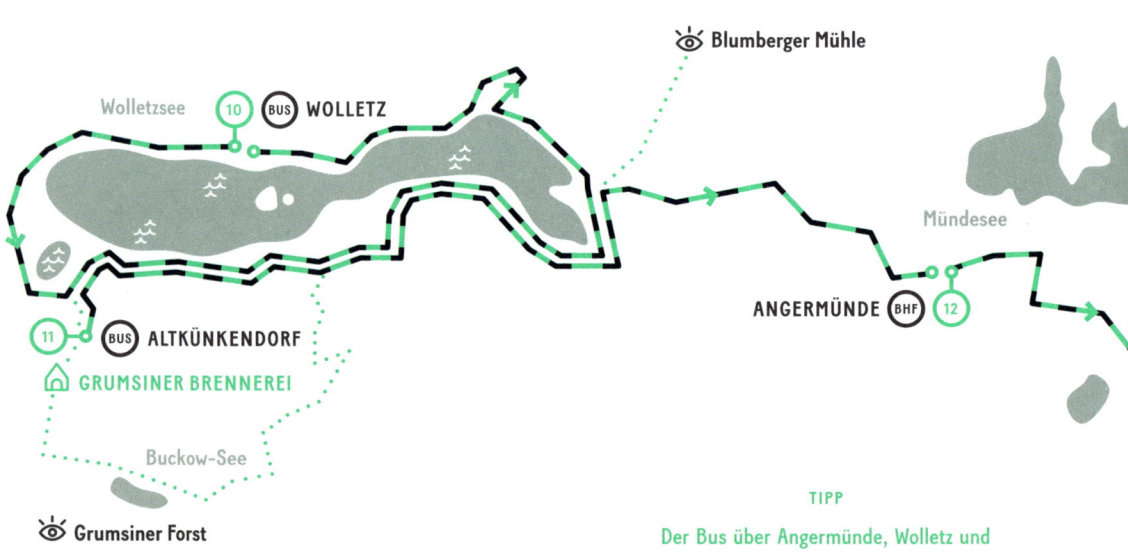

TIPP

Der Bus über Angermünde, Wolletz und Altkünkendorf verkehrt nur an den Wochenenden von April bis Oktober.

UCKERMARK

Vielseitige Tagestour für Kilometerzähler

1 TAG · 26 KM · 👁

Wer Ausdauer beweist, wird auf Tour ⑫ von **ANGERMÜNDE** nach **CRIEWEN** mit unterschiedlichsten Eindrücken belohnt. Es erwarten uns Felder, herrliche Panoramablicke auf die Flussauenlandschaft der Oder und mit dem *Stolper Turm* eine historische Sehenswürdigkeit am Wegesrand. Unterwegs stärken wir uns im *Café Milchbuben* und belohnen uns am Ende des Tages im Gasthof in **CRIEWEN** mit einem kühlen Getränk. Dieser Ausflug ist besonders im Frühsommer toll, wenn auf den Feldern Mohn und Kornblumen blühen und es noch nicht so heiß ist — Bademöglichkeiten gibt es keine.

Auf abwechslungsreichen Wegen an die Oder

2 TAGE · 12 KM / 26 KM · 🏠 ⛺ 👁

An zwei Tagen durchstreifen wir tiefe Wälder und Felder, baden im See und genießen eine grandiose Aussicht auf das *Untere Odertal*. Zuerst aber schauen wir zur Verkostung in der *Grumsiner Brennerei* in **ALTKÜNKENDORF** vorbei. Von dort geht es zu Fuß nach **ANGERMÜNDE** ⑪, wo wir im Restaurant *Zum Hungerstein* zu Abend essen. Am nächsten Tag erwartet uns eine lange, aber wunderschöne Strecke ⑫ bis fast an die polnische Grenze. Unterwegs kehren wir im *Café Milchbuben* ein. Nahe dem Schlosspark **CRIEWEN** steigen wir in den Bus und gelangen über Angermünde zurück nach Berlin.

10 · 11 · 12

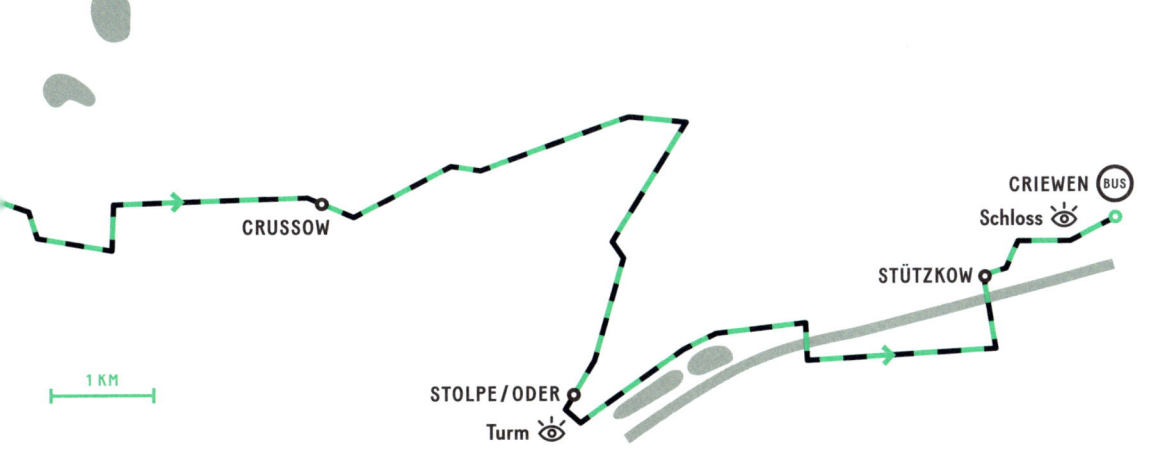

CRUSSOW

CRIEWEN BUS
Schloss 👁

STÜTZKOW

1 KM

STOLPE/ODER
Turm 👁

UCKERMARK

CHARAKTER

Der Rundweg um den schön gelegenen *Wolletzsee* ist waldreich und führt zu großen Teilen über naturnahe Uferpfade. Immer wieder macht es Freude, ein Bad im See zu nehmen, dessen hervorragende Wasserqualität Jahr für Jahr erneut ausgezeichnet wird, und wer mag, kommt über einen Abstecher zum NABU-Informationszentrum *Blumberger Mühle*. Eine Streckenvariante führt zu den beeindruckenden Baumriesen des UNESCO-Weltnaturerbes *Grumsin* und zu einer feinen Einkehr am Wegesrand.

WEGBESCHREIBUNG

Gegen den Uhrzeigersinn umrunden wir auf dieser Tour den 7 Kilometer langen und 18 Meter tiefen ☼ **WOLLETZSEE**. Die erste Hälfte der Wanderung führt uns ab **WOLLETZ** abwechselnd über Wiesen, Felder und im Schatten von Bäumen entlang, während der zweite Teil fast ausschließlich durch Wald verläuft. Von der Bushaltestelle *Wolletz Mitte* starten wir auf dem Feldweg *Zur Kastanienallee*, sodass wir den See zur Linken haben. —— Am Westende des Sees entscheiden wir uns an einer Gabelung für den linken der beiden Wege und entfernen uns nun für eine Weile vom Seeufer. —— Nicht viel weiter überqueren wir die *Welse*, ein Bächlein, das den *Wolletzsee* durchfließt,

und passieren den ☼ **HEILIGEN SEE** an seinem Südufer. Eine Badestelle lockt zu einer kurzen Erfrischung. —— An einer Abzweigung gibt es nun zwei Möglichkeiten: Entweder man folgt weiterhin der Beschilderung des *Wolletzseerundwegs* nach links und hält sich dicht am See. Oder man entfernt sich auf einem Umweg von etwa 5 Kilometern vom ursprünglichen Weg und folgt einer →VARIANTE, um den Randbereich des 👁 *Grumsiner Buchenwaldes* zu erleben und im *Atelier-Café* →TIPP einzukehren. —— Entscheiden wir uns für die Fortsetzung des klassischen Rundwegs, biegen wir nach links in die junge Allee ab, die uns zurück zum *Wolletzsee* führt. Ein ganzes Stück laufen wir nahe am Wasser entlang. —— Eine Wiese und die schattigen Bäume am See laden zur Rast und eine tolle Naturbadestelle will genutzt werden. —— Bald entfernen wir uns ein Stück vom See und gelangen in den Wald hinein. —— ✕ Nach einiger Zeit zweigt links ein Weg ab und führt uns zurück zum waldreichen Ufer. —— Unsere Strecke führt vorbei an der *Adlerquelle* mit kleinem Rastplatz. Immer wieder gibt es die Möglichkeit, zwischen den Bäumen ins Wasser zu springen. —— Am Ostzipfel des Sees laufen wir linker Hand am unteren Rand einer Hangwiese weiter am Wasser entlang. Danach geht es am *Strandbad Wolletzsee* vorbei. Hier bietet sich ein **ABSTECHER** von insgesamt 4 Kilometern zum NABU-Informationszentrum *Blumberger Mühle* →TIPP an. — Der Rundweg führt hinter dem Strandbad weiter am Ufer entlang in den Wald und durch das wildromantische *Welsetal*. Wir folgen der Markierung und begegnen der *Welse* zum zweiten Mal. — Immer weiter auf waldigem Uferpfad erreichen wir schließlich wieder den Ortskern von **WOLLETZ**. Auf dem Weg zur Bushaltestelle kommen wir an den Gebäuden der *Fachklinik Wolletz* vorbei. Das ehemalige Jagdschloss, das heute einen Teil der Klinik beherbergt, gehörte einstmals zur Jagdresidenz von Erich Mielke, dem Chef des DDR-Ministeriums für Staatssicherheit. Zum Abschluss der Wanderung bietet sich eine Einkehr im *Kaffee Konsum* →TIPP an.

↓

VARIANTE
ZUM RANDE DES GRUMSINER FORSTS
(+ 5 KM)

Einen Eindruck von den mächtigen alten Bäumen des UNESCO-Weltnaturerbes *Buchenwald Grumsin* und die Einkehrmöglichkeit des *Atelier-Cafés* erlebt, wer vom **HEILIGEN SEE** nach **ALTKÜNKENDORF** hineinläuft. — Den Ortskern durchqueren wir der Länge nach auf der *Wolletzer Straße* und verlassen die Siedlung Richtung Süden. — Nach einigen hundert Metern zweigt von der Straße links ein Weg in den Wald ab, der sich sogleich wieder teilt. Wir wählen den rechten Weg und laufen tiefer in den Wald hinein. — In einem Linksbogen durchqueren wir den Forst, rechter Hand liegt der

BUCKOWSEE. — Bald führt links ein Weg wieder auf das offene Feld hinaus. — An einer Weggabelung setzen wir den Weg nach rechts fort. An dieser Stelle lohnt die Einkehr auf dem *Louisenhof* →TIPP mit Atelier und Café in der Scheune. Hier lassen sich innerhalb der Saison Kunst betrachten und Kaffee und Kuchen genießen. — Anschließend gelangen wir auf einem von Bäumen gesäumten Weg zur Straße, an der wir nach links gehen und nach ein paar hundert Metern wieder rechts in den Wald hinein abbiegen. — Nach etwas weniger als einem Kilometer treffen wir hier → ✕ wieder auf die markierte Strecke des *Wolletzseerundwegs*.

🌲

START
Wolletz, Mitte

ZIEL
Wolletz, Mitte

MARKIERUNG
grüner Punkt
»Wolletzseerundweg«

AN- UND ABREISE
Aus Berlin mit dem Zug nach Angermünde, von dort aus weiter mit dem Bus nach Wolletz. Die Rückfahrt erfolgt in umgekehrter Richtung auf demselben Weg. Bitte beachten: Der Bus nach und von Wolletz verkehrt in den Wintermonaten nicht am Wochenende.

CHARAKTER

Ein kürzerer, sehr idyllischer Weg führt uns größtenteils auf Naturwegen über Felder und durch Misch- und Kiefernwald Richtung Angermünde. Der *Wolletzsee* ist über weite Teile immer in unserer Nähe, mehrere Male gibt er uns die Möglichkeit, an seinem bewaldeten Ufer zu baden und zu rasten. Die letzte Teilstrecke gehört zum *Märkischen Landweg* und ist mit einem blauen Kreuz markiert.

WEGBESCHREIBUNG

Das beschauliche **ALTKÜNKENDORF**, eine mittelalterliche Gründung, gilt als eines der Tore zum *Grumsiner Forst*, der viele Besucher anzieht. Im Ort befindet sich ein Informationspunkt zum UNESCO-Weltnaturerbe. Unsere Tour startet gen Norden. Wir biegen hinter der Feldsteinkirche aus dem 13. Jahrhundert mit ihrem hoch aufragenden Backsteinturm rechts ab auf die *Wolletzer Straße*. — Nach dem Ortsende zweigt rechter Hand eine Kastanienallee ab. Zwischen den jungen Bäumen schweift der Blick über Felder. — Nach einem kurzen Wegstück erreichen wir bereits das Südufer des ≋ **WOLLETZSEES**. Die Bäume am Ufer rahmen eine schöne Naturbadestelle ein. — Weiter geht es an Wiesen und Waldrand entlang. Schließlich entfernen wir uns ein Stück vom See und gelangen in den Forst

hinein. — Nach einiger Zeit zweigt links ein Weg ab und führt uns zurück zum bewaldeten Ufer. Hier erreichen wir bald die *Adlerquelle* mit einem kleinen Rastplatz. Auf diesem Abschnitt gibt es wieder mehrere Möglichkeiten, zwischen den Bäumen ins Wasser zu springen. — Am südöstlichsten Zipfel des Sees geht es geradeaus einen steilen Grashang hinauf. Oben angelangt, stoßen wir auf einen Waldrand und behalten die Wiese zur Linken. — Am Ende der Wiese liegt ein Parkplatz, an dem wir nach rechts in Richtung der Straße abbiegen. — Nur ein paar Meter laufen wir nach links an der Straße weiter, bevor wir dort, wo ein Fahrweg vom See her kommt, rechts auf einen Weg in den Wald abbiegen. Der folgende Abschnitt trägt die Markierung des *Märkischen Landwegs* (blaues Kreuz), der wir ab jetzt folgen. — Weiter geht es ungefähr einen Kilometer lang auf Forstwegen durch den Kiefernwald. — Nachdem sich die Bäume lichten, führt ein hübscher Feldweg unter Pappeln entlang bis zum Angermünder Stadtrand. Schon von weitem sehen wir den aufragenden Treppengiebelturm der *Marienkirche*. — Durch die Stadt hindurch folgen wir weiterhin der Markierung und gelangen schließlich zum Bahnhof. **ANGERMÜNDE** zeigt sich mit den Überresten der mittelalterlichen Stadtmauer und seinem von Fachwerkhäusern ge-

UCKERMARK

rahmten Markt als pittoreskes Städtchen am Südufer des **MÜNDESEES**. Hier an der Promenade treffen sich alle paar Jahre internationale Künstler zum »Hartgesteinsymposium«, um aus Findlingen Skulpturen zu hauen.

START

Altkünkendorf, Mitte

ZIEL

Angermünde, Bahnhof

MARKIERUNG

(teilweise) blaues Kreuz

AN- UND ABREISE

Mit dem Zug nach Angermünde, von dort aus weiter mit dem Bus nach Altkünkendorf. Von Angermünde mit dem Zug zurück nach Berlin. Bitte beachten: Der Bus nach Altkünkendorf verkehrt in den Wintermonaten nicht am Wochenende.

WISSENSWERTES

FLUSSAUENLANDSCHAFT

Das Untere Odertal ist eine der letzten naturnahen Flussauen Mitteleuropas mit Flussaltarmen, Feuchtwiesen und Auenwaldresten. Charakteristisch für diese Landschaftsform ist das Wechselspiel zwischen niedrigen und hohen Wasserständen. Jedes Frühjahr stehen die natürlichen Überflutungsflächen unter Wasser. In den vielfältigen Lebensräumen der Auen herrscht ein besonderer Tier- und Pflanzenreichtum. Das Untere Odertal ist Brut-, Rast- und Überwinterungsgebiet von seltenen und vom Aussterben bedrohten Vogelarten wie Wachtelkönig, Seggenrohrsänger und Trauerseeschwalbe, aber auch See- und Fischadler, Schwarzstorch, Eisvogel und Kranich. 1995 wurde das Untere Odertal auf über 10.000 Hektar zum Nationalpark erklärt. Dieser ist zudem Teil des deutsch-polnischen Internationalparks Unteres Odertal, der von Hohensaaten bis nach Stettin reicht.

UCKERMARK

CHARAKTER

Herrliche Panoramablicke über die Auenlandschaft der *Oder* gehören zu den Highlights dieser Tour. Felder prägen den ersten Abschnitt um Angermünde und bis zum *Stolper Turm* mit den stärksten Burgmauern Brandenburgs. Dann treten die Oder und ihre Nebengewässer in den Fokus: Am Rand des *Nationalparks Unteres Odertal* bewegen wir uns entlang einer der letzten intakten Flussauenlandschaften Europas. Auf dieser sehr langen, aber sehr lohnenswerten Strecke bis fast an die polnische Grenze orientieren wir uns an der Markierung des *Märkischen Landwegs* (blaues Kreuz).

WEGBESCHREIBUNG

Vom Bahnhof **ANGERMÜNDE** aus starten wir, stets der Markierung folgend, auf der *Berliner Straße* zum Kreisverkehr. Wer den *Skulpturenpark* am Ufer des **MÜNDESEES** noch nicht gesehen hat, kann hier noch einen Abstecher unternehmen. — Durch den *Friedenspark* gelangen wir an der Stadtmauer entlang auf die *Schwedter Straße*, von der wir bald nach rechts auf *An der Umgehungsstraße* abbiegen und schließlich gen Südosten aus dem Ort hinaus geführt werden. — An Feldern entlang und vorbei an Windrädern erreichen wir nach rund 5 Kilometern das Dorf **CRUSSOW**. Dort folgen wir der *Angermünder Straße* ein

kurzes Stück nach rechts, bevor linker Hand wieder ein Feldweg abzweigt. — Der von Bäumen gesäumte Weg führt uns in ein Waldstück. — Kurz nachdem wir aus dem Wald heraustreten, treffen wir auf eine herrliche alte Allee. Allerdings folgen wir dieser nicht, sondern biegen direkt davor scharf nach rechts ab. — Abermals durch Wald und über Felder gelangen wir schließlich in den Ort **STOLPE**. — Am Parkplatz führt uns ein Weg hinauf zu einer Anhöhe, auf der ein mächtiger Ziegelbau thront: der 👁 **STOLPER TURM**. Im 12. Jahrhundert als Teil einer Burganlage erbaut, diente er als Wohn- und Wehrturm und besitzt beeindruckende 18 Meter Durchmesser. Von der Anhöhe aus und noch besser von der Aussichtsplattform auf dem Turm haben wir einen beeindruckenden Panoramablick auf das südliche Odertal mit seiner Auenlandschaft, durch die sich viele Flussarme ziehen. Hier in der Gegend nennt man den Stolper Turm »Grützpott«. Eine Sage rankt sich um diesen Namen: Einst wohnte auf der Burg Stolpe der bei den Dorfbewohnern verhasste Raubritter Tiloff mit seinen Mannen. Als der Tyrann starb, kamen die Bauern, um den Turm zu zerstören. Die Verteidiger schmissen alles Mögliche von oben auf die Angreifer herab. Als sie nichts anderes mehr zur Hand hatten, warfen sie schließlich ihr Mittagessen: klebrige Grütze.

Heute eignen sich zahlreiche Sitzbänke auf der Wiese vor dem Turm gut für eine Rast mit fantastischer Aussicht. Wer aber lieber frischen Kaffee und Gebäck genießen möchte, dem sei das *Café Milchbuben* →TIPP unten im Ort, direkt am Wasser, ans Herz gelegt. Vom *Stolper Turm* führen Treppen hinab in den Ort. —— Gen Nordost geht es nun weiter am Wasser entlang, großflächige Fischteiche zur Rechten, links eine steile Böschung. —— An einem allein stehenden Haus, das zur Ortschaft **ALT GALOW** gehört, überqueren wir auf einer Brücke die *Hohensaaten-Friedrichsthaler Wasserstraße*, die einst angelegt wurde, um ganzjährigen Schiffsverkehr zu ermöglichen. —— Kurz darauf biegen wir nach links ein und setzen den Weg auf dem *Oder-Neiße-Radweg*, einer asphaltierten und gut besuchten Fahrradstraße neben dem Deich, fort. Gut 2 Kilometer geht es nun auf sehr gerader Strecke weiter. —— An einer Gabelung wenden wir uns nach links, überqueren erneut die Wasserstraße und erreichen **STÜTZKOW**. —— Im Ort orientieren wir uns nach rechts Richtung Criewen. Hier gibt es die Möglichkeit, links zu einer Anhöhe hinaufzusteigen. Das Erklimmen der Stufen wird mit einer spektakulären Aussicht bis hinüber zur Oder belohnt und ist die Mühen wert! —— Weiter folgen wir der Markierung und durchqueren auf einem Pfad ein romantisches, von Moränenhügeln durchzogenes Waldgebiet. **CRIEWEN**, eines der ältesten slawischen Fischerdörfer, ist unser Etappenziel. —— Der Weg in den Ortskern und zum *Nationalparkhaus*, in dessen Nähe sich die Bushaltestelle befindet, führt durch den vom preußischen Landschaftsarchitekten Peter-Joseph Lenné gestalteten *Schlosspark*. Hübsch geschwungene Wege leiten uns, vorbei an angelegten Teichen und über kleine Brücken, hin zum gotischen Kirchlein und schließlich zum prächtigen Herrenhaus.

START

Angermünde, Bahnhof

ZIEL

Criewen, Mitte

MARKIERUNG

blaues Kreuz
»Märkischer Landweg«

AN- UND ABREISE

Ab Berlin mit dem Zug nach Angermünde. Von Criewen fahren die Busse der Nationalparklinie zum Bahnhof Angermünde und von dort die Züge zurück nach Berlin.

TIPP

Diese Wanderung ist im Juni besonders schön, wenn die Felder voller Korn- und Mohnblumen stehen und die Temperaturen noch nicht zu heiß sind — Bademöglichkeiten gibt es keine.

10 · 11 · 12

FÜHRUNG DURCH DEN GRUMSINER FORST
DAS UNESCO-WELTNATURERBE ENTDECKEN

Mächtige Rotbuchen stehen im Mittelpunkt der rund dreistündigen Erlebnistour mit Grumsin-Kenner und Naturführer Roland Schulz. Wer Glück hat, dem begegnen Buchenstachelbart, Sumpfblutauge oder gar Kranich und Schwarzstorch. Jeden zweiten Samstag im Monat lassen sich Natur- und Brennereiführung im Grumsiner Forst kombinieren.

WWW.ANGERMUENDE-TOURISMUS.DE

02

GUT WOLLETZ
ZU GAST AUF CHARMANTEM GUTSHOF

Für Ruhe und Entspannung mitten in der Natur findet man auf Gut Wolletz einen wunderbar ästhetischen Rahmen. Ein elegant renovierter Schafstall beherbergt fünf Ferienwohnungen, der Mindestaufenthalt beträgt drei Nächte.

Zur Kastanienallee 12A · 16278 Angermünde (OT Wolletz)
WWW.GUTWOLLETZ.DE

01 · KAFFEE KONSUM
WILDBURGER AM WOLLETZSEE

Wo zu DDR-Zeiten »Waren des täglichen Bedarfs« über die Theke gingen, lässt sich heute frische Tagesküche mit regionalen Zutaten genießen. Würzige Wildbratwurst, saftige Burger oder Kaffee und hausgemachte Kuchen lassen das Herz höher schlagen.

Zur Welse 4 · 16278 Angermünde (OT Wolletz)
WWW.KAFFEE-KONSUM.DE

01

ATELIER LOUISENHOF 2
KAFFEEPAUSE IN KÜNSTLERSCHEUNE

Die beiden Künstler Annette Tucholke und Christian Bonnet gewähren Einblick in ihr Atelier und servieren Kaffee und Kuchen für kunstbegeisterte Wanderer. Geöffnet ist zwischen Anfang Mai und Ende Oktober immer samstags und sonntags von 12 bis 16 Uhr, im August geschlossen.

Schmargendorfer Straße 2 · 16278 Angermünde
WWW.LOUISENHOF2.DE

HERRSCHAFTLICHE FERIENWOHNUNG

Alle, die ein paar Tage länger zwischen Grumsiner Forst und Wolletzsee verbringen möchten, können im barocken Gutshaus von 1820 residieren. Die Wohnung besitzt Fachwerkcharme und eine kleine Sauna.

Wirtschaftshof 18 · 16278 Angermünde (OT Altkünkendorf)
WWW.GUTSHAUS-MON-PLAISIR.DE

02 · CAFÉ MILCHBUBEN

RASTEN DIREKT AM WASSER

Das Café Milchbuben liegt im Nationalpark Unteres-Odertal direkt unter dem Stolper Turm, im ehemaligen Betonwerk. Auf der sonnigen Terrasse am Wasser mit schönem Blick in die Natur kommt man bei Kaffeespezialitäten, Kuchen oder auch bei einem leckeren Bier vom Fass wieder zu Kräften.

Am Kanal 2 · 16278 Angermünde (OT Stolpe)
WWW.CAFE-MILCHBUBEN.EATBU.COM

BLUMBERGER MÜHLE

WISSEN SAMMELN
IM NATURERLEBNISZENTRUM

Schon das Gebäude sieht aus wie ein hoher Baumstumpf, und auch drinnen dreht sich alles um die Natur. Unterhaltsame Ausstellungen, zum Beispiel über Moore oder außergewöhnliche Tier- und Pflanzenarten, schärfen das Bewusstsein für die Umwelt. Auf dem Außengelände lassen sich Tiere beobachten, im Restaurant erwartet man hungrige Besucher. Ganzjährig gibt es verschiedene Veranstaltungen für die ganze Familie.

Blumberger Mühle 2 · 16278 Angermünde
WWW.BLUMBERGER-MUEHLE.DE

RESTAURANT ZUM HUNGERSTEIN

GUTE REGIONALE KÜCHE

Wer Platt schnackt, kann sein Abendessen ganz souverän bestellen. Alle anderen dürfen bei den klangvollen Gerichten auf der Speisekarte Rätsel raten und sehr schmunzeln. Eine Übernachtung ist hier ebenfalls möglich. Übrigens verweist der Name Hungerstein auf einen großen Findling im Mündesee. Nur bei niedrigem Wasserstand ist er sichtbar — früher ein Zeichen für drohende Dürre und Hungersnot.

Jägerstraße 25 · 16278 Angermünde
WWW.ZUMHUNGERSTEIN.DE

10 · 11 · 12

BADESEEN UND OFENDUFT

Dass wir unsere Rucksäcke zu Beginn der Wandertour mit Proviant direkt vom Hof füllen können, ist natürlich praktisch. Und auch richtig lecker. Käse, Brot, Wurst und Gemüse werden auf dem *Hof Marienhöhe* seit mehr als 90 Jahren nach Demeter-Prinzipien hergestellt, in einem geschlossenen Hofkreislauf. Was das genau bedeutet, erfahren wir bei einem Rundgang von Bäcker Helmut Kolzer. Die Gegend um Bad Saarow ist zu jeder Jahreszeit ein tolles Wandergebiet: Im Sommer will der Sand einer Binnendüne barfuß erlebt werden und zahlreiche Seen laden zum Baden ein; Wellness nach dem Wandern ist unser Tipp für die kalte Jahreszeit.

HOFGEMEINSCHAFT MARIENHÖHE

BAD SAAROW · NATURPARK DAHME-HEIDESEEN · ODER-SPREE

G

Gute drei Kilometer außerhalb von Bad Saarow liegt der *Hof Marienhöhe*. In kreisförmiger Anordnung verteilen sich die bewirtschafteten Felder, Weideflächen und Waldstücke um die Hofstelle. Eine große alte Linde begrüßt die Besucher, die sich im Hofladen mit all den vor Ort hergestellten Köstlichkeiten versorgen.

Die Hofgemeinschaft folgt den Grundsätzen der biologisch-dynamischen Wirtschaftsweise. Helmut Kolzer, der seit 2015 auf Marienhöhe lebt und arbeitet, erklärt mit sympathisch-nordischem Schnack, was das bedeutet: »Die Idee ist, dass der Hof ein geschlossener Betriebskreislauf ist. Dass man also das, was man in der Landwirtschaft benötigt, nicht zukauft, sondern selbst herstellt.« Das Grundprinzip der biologisch-dynamischen Landwirtschaft folgt den Ideen des Anthroposophen Rudolf Steiner. Demnach werden in einem solchen Kreislauf nur so viele Tiere gehalten, wie mit dem selbst produzierten Futter ernährt werden können. Es besteht ein Zusammenspiel aus Mensch, Tier, Pflanze und Boden. Ganz wie in einem Organismus, in dem jedes Organ das andere braucht. Hier auf Marienhöhe greifen Gartenbau, Landwirtschaft und Viehzucht ineinander. Die Weidekühe, die, ebenfalls nach Demeter-Prinzip, Hörner tragen, liefern hauptsächlich Milch zum Direktverkauf und für die Käserei. Aber sie sind noch aus einem anderen Grund wichtig: »Wir brauchen die Kühe für den Mist. Und der kommt dann kompostiert als Dünger auf die Felder.« Zusammen mit bestimmten biodynamischen Präparaten sorgt der Dung für einen fruchtbaren Boden. Auf dieser Grundlage wird dann wiederum das Getreide angebaut, das die Kühe als Kraftfutter fressen. Und aus dem Kolzer dann auch Brot backt. An zwei Backtagen in der Woche fertigt der fröhliche Zugezogene duftende Sauerteigbrote aus hofeigenem Roggen und Weizen. Dabei lässt er dem Teig besonders viel Zeit zum Gehen und verwendet keinerlei Zusatzstoffe. Durch handwerkliche Verarbeitung und die lange Teigführung entstehen so köstliche und bekömmliche Backwaren.

Brotbacken war aber nicht immer das, womit Helmut Kolzer sich auskennt. Bevor er als Bäcker auf den Hof kam, war er Geschäftsführer der Musikschulen Schleswig-Holstein. Und wie ist er dann auf die Idee gekommen, ins Brandenburgische zu ziehen und in Handarbeit Lebensmittel herzustellen — einschließlich einer Siebentagewoche und deutlich einfacherer Lebensweise als

zuvor? Seine Frau hatte vor Jahren auf *Marienhöhe* ihre Lehre als Gärtnerin gemacht, und als sich die Gelegenheit ergab, hierher zurückzukehren, wollten die beiden das gemeinsam tun. »Und dann war zufällig eine Stelle in der Backstube frei geworden. So habe ich angefangen, das Bäckerhandwerk zu lernen«.

Der Gründer des Hofes, Erhard Bartsch, hatte auf der dem Wind ausgesetzten Sandkuppe sehr ertragsarmen Boden vorgefunden, konnte aber im Laufe der 1930er Jahre mit den neuartigen, biologisch-dynamischen Wirtschaftsmethoden den Boden erfolgreich verbessern. Marienhöhe wurde zu einem Musterbetrieb der Demeter-Bewegung und überstand bemerkenswerterweise sowohl die Zeit des Nationalsozialismus als auch die DDR als eigenständiger, wirtschaftsfähiger Betrieb.

Heute besteht die Hofgemeinschaft aus ungefähr 30 Seelen aller Altersstufen, mehrere Familien leben und arbeiten hier gemeinsam. Jeder hat seinen Platz in einem der Betriebsbereiche. Im großen Gartenstück hinter dem Haupthaus wachsen diverse Gemüsesorten und auch Schnittblumen. Die Schweine, die sich in ihrem Auslauf suhlen, liefern Fleisch und Wurstspezialitäten.

Für eure Tour nach *Marienhöhe* solltet ihr zu Hause auf gar keinen Fall Proviant einpacken. Denn im Hofladen gibt es wirklich alles, was das hungrige Herz begehrt. Fürs Picknick empfehlen wir ganz besonders den vielschichtig-aromatischen *Findling*, ein Rohmilch-Käse, von Katharina Goldammer gekäst und dann mindestens ein Dreivierteljahr gereift. Und auch die deftigen *Rindsknacker* sind ein wunderbar haltbarer Proviant. Perfekt, wenn man dazu in der anderen Hand eine dicke Scheibe saftiges Roggenbrot hält.

HOFGEMEINSCHAFT MARIENHÖHE

Marienhöhe 3 · 15526 Bad Saarow
WWW.HOFMARIENHOEHE.DE

Gut sortierter Hofladen mit vielen eigenen Produkten wie Käse, Wurst, Backwaren und Gemüse: Dienstag 15–18 Uhr, Freitag 10–18 Uhr, Samstag 9–12 Uhr. Verkauf der Produkte auch auf dem Ökomarkt am Chamissoplatz sowie in ausgesuchten Geschäften in Berlin und Brandenburg. Hofführungen finden von April bis Oktober jeweils am letzten Samstag des Monats um 14.30 Uhr statt. Die Teilnahme ist kostenfrei, Spenden sind willkommen. Im Mai gibt es einen Kräutermarkt. Selbst anpacken kann man beim Möhrenwochenende: Im Juni werden die Felder gejätet, im Oktober die Futtermöhren geerntet.

Das perfekte Sommerwochenende mit Proviant vom Hof

2 TAGE · 24 KM / 20 KM · ⌂ ☨ ◊ 👁

Sieben teils abgelegene Badeseen wollen an zwei Tagen erwandert und durchschwommen werden, und Sandstrandfeeling kommt auf, wenn wir barfuß durch die Binnendüne Waltersberge laufen. Samstag geht es früh nach **BAD SAAROW** und wir wandern auf Tour (13) bis **WENDISCH RIETZ**. Am Beginn der Tour kommen wir am *Hof Marienhöhe* vorbei, wo wir unseren Picknick-Proviant besorgen. Abends speisen wir im *Fischrestaurant am Kleinen Glubigsee* und übernachten in den *Satama Lodges*. Der Sonntag ist ein echter Badetag: Auf Rundtour (14) springen wir in einen See nach dem anderen. Zurück in die Stadt geht es ab **WENDISCH RIETZ**. An Schlechtwettertagen kann man statt einer zweiten Wanderung einen Wellnesstag in der *SaarowTherme* einlegen.

Winterwochenende mit Wellness

2 TAGE · 12 KM / 9 KM · ☨ ◊ 👁

Was ist besser, als nach einer frostigen Winterwanderung in der Sauna zu schwitzen?! Um abends ausreichend Zeit dafür zu haben, kürzen wir die Wanderstrecken ab. Der erste Tag beginnt mit der Anreise nach **STORKOW**, von dort führt die Kurzvariante von Tour (13) nach einem Abstecher zu den Sandmassen der *Binnendüne Waltersberge* bis nach **WENDISCH RIETZ** und direkt zum *Satama Sauna Resort*, wo wir ausgiebig saunieren, essen und übernachten können. An Tag zwei kürzen wir Rundtour (14) so ab, dass wir nur die beiden *Glubigseen* umrunden. Ab **WENDISCH RIETZ** fahren Züge und Busse zurück nach Berlin.

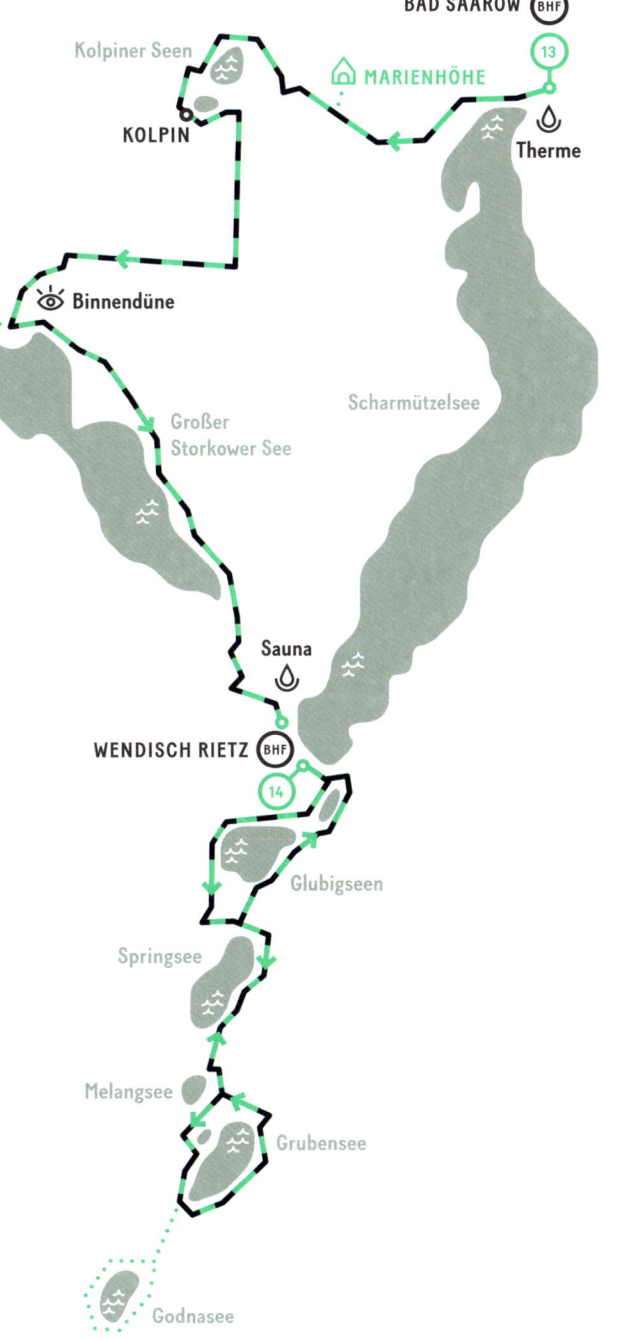

TIPP

In Wendisch Rietz bieten die meisten
Unterkünfte in der Hauptsaison Zimmer
nur ab zwei Nächten an. Wer nur eine
Nacht buchen möchte, bucht entweder
in den Satama Lodges gegen Aufpreis
oder fährt mit dem Bus nach Bad Saarow
und übernachtet dort. Die Auswahl an
Unterkünften ist dort größer und die
Busse verkehren mehrmals täglich.

Sieben Seen
an einem Wandertag

1 TAG · 20-26 KM ·

Sommers wie winters ist die wald- und
seenreiche Landschaft rund um **WENDISCH
RIETZ** eine echte Empfehlung für einen
Tagesausflug. Auf Rundtour (14), die nach
Belieben abgekürzt oder verlängert werden kann, wandern wir an herrlichen Gewässern vorbei. In vier der sieben Seen
können wir baden. Wählt man auf der
Rückfahrt von Wendisch Rietz nach Berlin den Weg über das mondäne **BAD SAAROW**,
kann man je nach Lust und Laune Kaffee und Kuchen in der *Kaffeerösterei* oder
deftige Küche in der *Bühne* direkt am
Bahnhof genießen.

1 KM

BINNENDÜNEN

Brandenburg besitzt ausgedehnte Dünengebiete. Sie entstanden während der Nacheiszeit vor über 12.000 Jahren, als sich die letzten Gletscher zurückzogen und große vegetationsfreie Landschaften mit Moränenschutt und Sandern hinterließen. Starken Winden ungeschützt ausgesetzt, wurden Sandkörner abgetragen und lagerten sich oft in großer Distanz wieder ab. Die Binnendüne Waltersberge überragt den Spiegel des Scharmützelsees um 36 Meter und ist damit deutschlandweit eine der höchsten. Der Kern dieser 16 Hektar großen Dünenlandschaft steht unter Naturschutz, hier finden sich seltene Gräser und der Ameisenlöwe fängt mit seinen charakteristischen Sandtrichtern seine Beute. In früheren Jahrhunderten wurden Teile der Düne als Weinberg genutzt.

ODER-SPREE

CHARAKTER

Diese Wanderung führt uns vom »Märkischen Meer« aus durch die kiefernwald- und seenreiche Gegend um Bad Saarow. Ein ungewöhnliches landschaftliches Phänomen erleben wir beim Barfußlaufen in der *Binnendüne Waltersberge*. In drei Badeseen finden wir Erfrischung, und fürs ausgiebige Picknick besorgen wir alles, was das Herz begehrt, auf dem *Hof Marienhöhe*.

WEGBESCHREIBUNG

Wir beginnen die Tour im mondänen Kurort **BAD SAAROW**, der bereits Anfang des 20. Jahrhunderts als Moorheilbad von sich reden machte. In den 1920er Jahren entdeckte man eine Solequelle, und ebenfalls in dieser Zeit suchten Berühmtheiten wie Maxim Gorki und Stars der Stummfilmära hier am **SCHARMÜTZELSEE**, dem »Märkischen Meer«, Erholung. —— Vom Bahnhof Bad Saarow aus gehen wir zunächst durch das hübsche Villenviertel zum *Kurpark*, um dann an der Seepromenade den Weg fortzusetzen. Wen es direkt ins kühle Nass zieht, der findet hier eine erste Badegelegenheit, uns begegnen aber noch weitere. —— Dem blauen Punkt folgend laufen wir durch den Ort hindurch in ein urwaldähnliches Wäldchen. Hier wurde bis vor 100 Jahren Ton abgebaut und die zerklüftete Landschaft anschließend sich

selbst überlassen. —— Nach ungefähr 45 Minuten Gehzeit gelangen wir an den Abzweig zum *Hof Marienhöhe* →TIPP. **ABSTECHER:** Ein asphaltierter Feldweg führt rechter Hand zum Hof (300 Meter einfach), wo wir Gelegenheit haben, unseren Tagesproviant zu besorgen. —— Nachdem wir den Rucksack gefüllt haben und zurück an der Wegkreuzung sind, geht es weiter durch Waldgebiet zum Nordufer des **GROSSEN KOLPINER SEES**, wo sich auch ein Campingplatz befindet. Mehrere schöne Naturbadestellen, gleich neben dem waldigen Uferpfad, locken zum Sprung in die Fluten und zu einem ersten Picknick. —— Es ist nicht mehr weit bis **KOLPIN**. Hier folgen wir der *Hauptstraße* nach links, biegen jedoch bald nach links ab, um den Ort über den *Saarower Weg* zu verlassen. —— Am **KLEINEN KOLPINER SEE** wartet eine weitere kleine Rast- und Badestelle. —— Dort, wo einige vereinzelte Häuser stehen, biegen wir nach rechts ab und ein schnurgerader Sandweg bringt uns gen Süden bis zu den ersten Häusern von **REICHENWALDE**. —— Gleich am Ortsrand biegen wir rechts und sogleich wieder links auf die Straße *Am Wasserloof* ab und bewegen uns durch Kiefernwald gen Westen Richtung Storkow. —— Weiterhin folgen wir der Markierung, die uns am *Evangelischen Jugendbildungszentrum* vorbei führt. —— An einer unübersichtlichen Kreuzung verlassen wir den befestigten Weg und laufen auf einem schmalen Pfad in den Wald hinein. Aufmerksamkeit ist geboten, um die Markierung an den Baumstämmen nicht aus den Augen zu verlieren! —— Eine Treppe führt uns schließlich einen Hügel hinauf und wir finden uns direkt am Rand der 👁 **BINNENDÜNE WALTERSBERGE** →INFO S. 150 wieder. Von hier aus orientieren wir uns zum höchsten Punkt der Düne hin, wo Sitzbänke zu einer Rast mit umwerfender Aussicht einladen. —— Danach spazieren wir durch die fast wüstenartige Landschaft —— natürlich barfuß! —— Zurück auf dem Wanderweg, führt die Markierung nach links vom **STORKOWER** Stadtgebiet weg. —— ✕ Von der *Reichenwalder Straße* leitet uns rechts ein Bohlensteg zum ⛭ **GROSSEN STORKOWER SEE.** —— Hier biegen wir rechts in den *Wolfswinkel* ab und folgen dem Weg nun ein ganzes Stück parallel zum Ostufer des *Großen Storkower Sees* durch den Wald. —— Hinter dem Campingplatz treffen wir endlich auf das Ufer —— direkt an einer wunderbaren Badestelle mit sandig-flachem Einstieg und Liegewiese. —— Nah am Wasser geht es weiter. Am südlichen Ende des Sees überqueren wir auf der *Schafbrücke* den Kanal und setzen unseren Weg durch Wald fort, der in offene Wiesen übergeht. —— Entlang der Bahngleise gelangen wir zum Bahnhof **WENDISCH RIETZ**. Wer den Ortskern zum Ziel hat, überquert die *Schafbrücke* nicht, sondern biegt links zum Zentrum ab.

KURZVARIANTE
STORKOW — WENDISCH RIETZ
(- 12 KM)

Um die Tour beispielsweise im Winter abzukürzen, kann man auch direkt in **STORKOW** einsteigen. Auf rund 12 Kilometern Streckenlänge lassen sich sowohl die 👁 **BINNENDÜNE WALTERSBERGE** als auch das Ostufer des ⛭ **GROSSEN STORKOWER SEES** erkunden. Der Weg führt direkt an der **BURG STORKOW** vorbei, die mit ihrer erstmaligen Erwähnung 1209 zu den ältesten Burganlagen Brandenburgs zählt. Wir beginnen die Wanderung am Bahnhof **STORKOW** und kommen über die *Goethestraße* und die *Burgstraße* zur *Reichenwalder Straße*. —— Von dieser geht links ein Abzweig in die Düne ab, ein kurzer **ABSTECHER** lohnt sich! Ab hier →✕ den Weg wie nebenstehend fortsetzen.

🌲

START
Bad Saarow, Bahnhof /
Storkow, Bahnhof

ZIEL
Wendisch Rietz, Bahnhof

MARKIERUNG
blauer Punkt
»66-Seen-Wanderweg«

AN- UND ABREISE
Ab Berlin mit dem Zug nach Fürstenwalde (Spree) und dort umsteigen nach Bad Saarow. Wer in Storkow beginnen möchte, nimmt den Zug via Königs Wusterhausen. Von Wendisch Rietz zurück geht's wieder mit dem Zug über Fürstenwalde (Spree).

ODER-SPREE

CHARAKTER

Auf verwunschenen Waldpfaden, idyllischen Ufer- und breiten Forstwegen wandern wir auf dieser Tour an ganzen sieben Seen vorbei. Kiefern- und Mischwälder wechseln sich ab, immer wieder gibt es schöne, teils sehr einsame und naturnahe Stellen zum Baden und Picknicken — die perfekte Sommertour also.

WEGBESCHREIBUNG

Vom Bahnhof **WENDISCH RIETZ** aus geht es zunächst ein kurzes Stück an der Straße entlang zur Südspitze des **SCHARMÜTZELSEES**. — Vor der Brücke über die Verbindungskanäle zu den *Glubigseen* biegen wir nach rechts auf einen Parkplatz ab und halten uns dort links, nah am Wasser. Ein schmaler, idyllischer Pfad führt uns durch sumpfiges Gebiet in den Wald hinein. — Auf diesem ersten Abschnitt begleitet uns die Markierung mit dem gelben Punkt, der wir durch das dichte Waldwegenetz folgen und so am Westufer des **GROSSEN GLUBIGSEES** entlangwandern — wer will, findet hier schon eine erste schöne Badegelegenheit. Der Weg führt auf den nächsten Kilometern an militärischem Sperrgebiet entlang und sollte deshalb nicht verlassen werden. — Vom *Großen Glubigsee* geht es weiter durch Wald Richtung *Springsee*. Am Kanal, der beide Seen miteinander verbindet, wartet eine kleine Brücke mit Rastbank auf uns. Hier können die Füße gekühlt und Paddler beim Vorbeiziehen beobachtet werden. — Weiter geht es auf der anderen Seite des flachen Gewässers. Wir umrunden nun die Nordspitze des **SPRINGSEES** und folgen ab sofort der Markierung des *66-Seen-Wanderwegs*, dem blauen Punkt, der uns weiter am Ostufer entlangführt. — Am südlichen Ende des Gewässers treffen wir auf eine schön angelegte Badestelle, die Teil des *Naturcampingplatzes am Springsee* ist. — Die blaue Markierung führt uns von dort abermals in den Wald hinein und auf einem zunächst breiten, dann schmalen, wilden Pfad schließlich zum Hochufer des **MELANGSEES**, der sich leider nicht zum Baden eignet. — Der Wald lichtet sich, und kurz danach zweigt rechts ein von Schilf eingerahmter Weg ab, den wir wählen. — Ein weiteres kleines, namenloses **GEWÄSSER** wird umrundet. Wir halten uns dazu immer links und werden schließlich zu einer Straße geführt, die wir überqueren. — Auf der anderen Seite liegt der *Naturcampingplatz am Grubensee*. Der blaue Punkt weist uns den Weg daran vorbei, durch die Kiefern hindurch zum **GRUBENSEE**. — Den auf dieser Seite von dichtem Schilf umstandenen See umrunden wir gegen den Uhrzeigersinn und bleiben auf einem schmalen Pfad immer an seinem Ufer. — Am Südende des Sees halten wir uns an der Abzweigung links und verlassen damit den *66-Seen-Wanderweg* — zumindest für einen kurzen Abschnitt. Wer auf dieser Wanderung einen Badeseen-Rekord aufstellen möchte und sich nicht vor zusätzlichen 6 Kilometern scheut, dem sei an dieser Stelle ein ABSTECHER zum südlich gelegenen ⌇ **GODNASEE** empfohlen. —✕ Unsere reguläre Wanderung führt uns auf der anderen Seite des *Grubensees* entlang zum Nordufer, wo uns mehrere herrlich sandige Badestellen erwarten, die zur ausgiebigen Rast einladen. — Nur ein kleines Stück weiter gelangen wir an eine Straße, der wir kurz nach rechts folgen, um gleich wieder links, hinter einem Parkplatz, in den Wald hinein zu laufen. — Hier treffen wir nach einigen Schritten auf ein Wegstück, das wir bereits kennen — und auch wieder auf den blauen Punkt, der nun bis zum Ende der Tour unser Begleiter bleibt. — Rechter Hand führt uns der Weg zurück zum ⌇ **SPRINGSEE**. Noch einmal kommen wir an der Badestelle vorbei und wandern nun in entgegengesetzter Richtung auf dem schönen Uferweg entlang. — Am Ende des Sees folgen wir der blauen Markierung Richtung Norden zum **GROSSEN GLUBIGSEE** und dem dortigen Feriendorf. — An den bunten Häusern vorbei führt uns ein Weg zum Ostufer des Sees, wir wandern auf dem schmalen Pfad am Wasser entlang. — Vorbei am **KLEINEN GLUBIGSEE** und durch sumpfigen Bruchwald geht es zurück zum Bahnhof **WENDISCH RIETZ**.

ABSTECHER
EINE SCHLEIFE UM DEN GODNASEE
(+ 6 KM)

Viel Sand und eine von Kiefern eingerahmte, ruhige Naturbadestelle erwarten uns an der Südspitze des **GODNASEES**. Um dorthin zu gelangen, folgen wir am südlichen Ende des **GRUBENSEES** weiterhin dem blauen Punkt, der uns rund 1,5 Kilometer durch Wald führt. — Wir erreichen den See, halten uns im Uhrzeigersinn immer nah am Ufer und finden am Südzipfel die besagte Badestelle vor. — Auf demselben Waldpfad geht es schließlich wieder zurück gen Norden zum *Grubensee* und von dort, wie im Haupttext ab hier →✕ beschrieben, weiter zur nächsten tollen Badestelle — Badekleidung am besten gleich anbehalten.

START
Wendisch Rietz, Bahnhof

ZIEL
Wendisch Rietz, Bahnhof

MARKIERUNG
keine durchgängige Markierung

AN- UND ABREISE
Nach Wendisch Rietz gibt es je nach Uhrzeit verschiedene Anreisevarianten. Züge und Busse verkehren regelmäßig. Dasselbe gilt für den Weg zurück nach Berlin.

02

01

01 · HOFLADEN MARIENHÖHE
PROVIANT DIREKT VOM HOF

Gleich zu Beginn der Wandertour kann man sich hier mit Proviant eindecken. Im Angebot sind Backwaren, Milchprodukte, Wurst, Gemüse und Obst (Öffnungszeiten beachten).

Marienhöhe 3 · 15526 Bad Saarow
WWW.HOFMARIENHOEHE.DE

TIPP

Marienhöhe ist einer der wenigen Milchbetriebe, die Rohmilch anbieten. Diese Milch ist gänzlich unbehandelt, also weder homogenisiert noch pasteurisiert, darf deshalb nicht im Handel verkauft werden und unterliegt strengen Kontrollen. Fettreich und ursprünglich, ist ihr Geschmack vollmundig-aromatisch.

02 · HOTEL ALTE SCHULE
NACHTS IN DER DORFSCHULE

Mit einem Augenzwinkern wird man in die eigene Schulzeit zurückversetzt. In dem entzückenden Backsteinbau schmücken alte Klassenfotos und Lehrsätze in Schreibschrift die Wände. Es sind Zimmer und Ferienwohnungen buchbar.

Kolpiner Straße 2 · 15526 Reichenwalde
WWW.ALTESCHULE-REICHENWALDE.DE

03 · SATAMA SAUNA RESORT & SPA
SAUNIEREN MIT ATMOSPHÄRE

Zehn unterschiedliche Saunen laden in geschmackvoller Umgebung, mit schönem Außenbereich und Gastronomie zum Erholen ein. Direkt nebenan liegt die skandinavisch gestaltete Ferienhaussiedlung — gegen Aufpreis darf man auch für nur eine Nacht Quartier nehmen.

Strandstraße 12 · 15864 Wendisch Rietz
WWW.SATAMA-SAUNAPARK.DE

SAAROW THERME
WELLNESS AM SEE

Moderne und sehr einladende Therme mit Themalsolebad, Saunabereich mit Blick auf den See, Wellnessbereich und Gastronomie. Ungewöhnlich ist die Brotbacksauna — im Saunaofen wird frisches Brot gebacken, das man anschließend verspeisen kann.

Am Kurpark 1 · 15526 Bad Saarow
THERME.BAD-SAAROW.DE

DIE BÜHNE
GUTE KÜCHE AM BAHNHOF

Bevor der Zug zurück in die Stadt fährt, gibt es hier noch einmal gutes Essen. Mit Zwanziger-Jahre-Flair im Saal und Klassikern wie gebratener Blutwurst auf dem Teller klingt der Wandertag aus. Auch übernachten kann man hier.

Bahnhofsplatz 3 · 15526 Bad Saarow
WWW.BAHNHOFSHOTEL-DIEBUEHNE.DE

KAFFEERÖSTEREI BAD SAAROW
KAFFEE UND KUCHEN

Hier liegt ein herrlicher Duft in der Luft, es werden Bohnen aus aller Welt geröstet und gebrüht. Bei Belgischen Waffeln oder hausgemachtem Kuchen lässt es sich einmal quer durchs Kaffeesortiment probieren. Im Rahmen einer Verkostung tut man das in fachkundiger Begleitung.

Seestraße 2A · 15526 Bad Saarow
WWW.KAFFEEROESTEREI-BADSAAROW.DE

MARKGRAFENSTEINE RAUEN
SPAZIERGANG ZU RIESENFINDLINGEN

Eiszeitliche Gletscher schoben die zwei größten Findlinge Brandenburgs aus Skandinavien bis in die Rauener Berge. Wenige hundert Meter von den Steinen entfernt kann man von einem Aussichtsturm (Eintritt 1 Euro) die Aussicht bis zum Scharmützelsee genießen. Vom Parkplatz Rauener Berge ist es nur ein kurzer Spaziergang. Ein Teil des vormals 29,5 Meter umfassenden Großen Markgrafensteins wurde abgesprengt und hat heute einen neuen Platz als gigantische Granitschale vor dem Alten Museum im Berliner Lustgarten.

FISCHHAUS AM KLEINEN GLUBIGSEE
FRISCH AUS EIGENER FISCHEREI

Der frische Fang aus den umliegenden Gewässern kommt hier auf der Halbinsel am Kleinen Glubigsee auf den Teller. Auch Betten sind buchbar — in der Hauptsaison allerdings in der Regel erst ab zwei Nächten.

Am Kleinen Glubigsee 31 · 15864 Wendisch Rietz
WWW.FISCHHAUS-GOEDICKE.DE

13 · 14

03

HEIDEKRAUT UND ZIEGENMILCH

Laubwälder, Havelschleifen, ein vom Biber geformter See und viele herrliche Badestellen — dies allein sind für uns Gründe genug für einen Ausflug in das Naturschutzgebiet *Kleine Schorfheide*. Aber dann ist da noch die Heidelandschaft! Und die spielt hier für uns die entscheidende Rolle. Nicht nur als idyllische Kulisse zum Wandern, sondern auch, weil wir beim Besuch der Ziegenkäserei *Capriolenhof* von Sabine Denell und Hanspeter Dill erfahren, dass die Ziegen diese Landschaft sozusagen in Käse übersetzen. In wirklich köstlichen Käse.

ZIEGENKÄSEREI CAPRIOLENHOF

FÜRSTENBERG / HAVEL · NATURPARK UCKERMÄRKISCHE SEEN · OBERHAVEL, UCKERMARK

E

Ein gut gelaunter Herr in Shorts und Kapitänsmütze eilt gen Havel über den Hof. Vor sich her trägt er eine Platte mit Käsestücken. »Das ist für das Abendbrot, hier legen viele Bootstouristen an, um Käse zu kaufen«, erklärt Sabine Denell und blickt dem fröhlichen Kunden nach. Sie begrüßt uns lächelnd auf der Terrasse und bittet dann unter dem mächtigen Vordach hindurch in den Hofladen. Urig ist es hier, und angenehm kühl. Unser Blick bleibt an der Eistruhe hängen. Mit kleinen Probierlöffeln dürfen wir jede Sorte kosten. Das herbe Ziegenaroma passt toll zum süßen Grundgeschmack. Das Lakritzeis erklären wir zum Favoriten. Einen super Wiedererkennungswert haben schon allein die Namen der unterschiedlichen Sorten: *Geißenpeter*, *Almöhi*, fehlt nur die *Heidi* — »die ist heute schon leer«. Das Eis lässt Sabine Denell in Templin beim Eismacher herstellen. Die Käse aber macht sie selbst.

In der Käsetheke findet sich eine schöne Auswahl von Hart- bis Frischkäse, manche mit Pflanzenasche bestäubt, manche in Kräutern gewendet. Die Namen der Käse verweisen ganz klar auf den Ursprungsort: *Zehdenicker Handstrich*, *Blühende Landschaften*, *Hugenottenlaib* oder das *Rainerle*, das mit einem Rainfarnblatt besetzt ist. Warum die Käse so heißen und auch so schmecken wie dieser Landstrich, den wir später noch besser kennen lernen, erfahren wir von ihrem Partner, der sich jetzt dazugesellt. Mittlerweile haben wir es uns am Tisch auf der Terrasse gemütlich gemacht und naschen von dem köstlichen selbstgebackenen Ziegen-Käsekuchen. Hanspeter Dill kommt gerade von den Tieren, der Schweiß steht ihm noch auf der Stirn, als er sich zu uns setzt. Er ist Landwirt und kümmert sich auf dem Hof um die Tiere, das Weiden, das Melken und den Verkauf von Käse und Fleisch.

»Der Käse schmeckt wie die Milch. Und in der Milch schmeckt man, was die Ziegen fressen,« erklärt er. Hinter dem Hof beweiden die Ziegen die weitläufigen Heideflächen. »Auf der Heide sind das eben auch mal Zweige von Birken oder Kiefernblüten.« Die Ziegen sind die Landschaftsgärtner der Heide, sie erhalten diese spezielle Landschaftsform, indem sie Büsche und junge Bäume abfressen, ganz natürlich. Dass es dem Paar dabei auch um ihre Überzeugungen vom Leben im Einklang mit der Natur geht, ist offensichtlich. Sabine Denell und Hanspeter Dill bewirtschaften den Capriolenhof seit 1993. Mit zehn Ziegen haben sie damals angefangen, heute sind es 180 Tiere. Ganz

wichtig sei es auch, dass diese keinen Stress erfahren, kommt Dill noch einmal auf den Geschmack der Milch zu sprechen: »Das schlägt sich sonst im Hormonhaushalt nieder und wirkt sich auf die Milch aus.«

Zu den Milchziegen gehen wir also nicht. Die fürchten sich vor Fremden, wir würden nur Unruhe verursachen. Aber natürlich bekommen wir trotzdem ein paar Tiere zu sehen. Auf der Youngster-Weide direkt am Hof gibt es gerade Abendessen, und die braun-weiß gemusterten Jungziegen graben ihre Köpfe tief in die Futtertröge. Gleichmäßiges Kauen und sanftes Blöken, diese Geräuschkulisse hat etwas sehr Meditatives.

Sabine Denell macht aus dieser »wohlbehüteten« Milch dann den Käse. Eigentlich ist sie von Beruf Tierärztin. Learning by Doing und der Blick in das Käsetraditionsland Frankreich seien ihre Leitprinzipien gewesen am Anfang. Aus unbehandelter Rohmilch fertigt sie alle zwei Tage ihre Spezialitäten. Rund 20 Sorten Käse entspringen ihrer Fantasie und werden unter ihren Händen geformt. Im Gewölbekeller auf dem Hof reifen die Käse dann. »Im Frühjahr werden die Käse milder als im Sommer, weil die Temperatur im Keller da bei 11 Grad liegt«. Bei sommerlichen 15 Grad gibt es dann ein würzigeres Aroma. Die Käse, die wir probieren — ein geaschter Frischkäse, ein rotgeschmierter Weichkäse und ein kräftiger Schnittkäse — spielen uns milde, würzige und säuerliche Nuancen, Cremigkeit und diese leichte Schärfe der Ziegenmilch auf die Zungen. So himmlisch schmeckt die Heidelandschaft.

**ZIEGENKÄSEREI
CAPRIOLENHOF**

Schleusenhof Regow 1
16798 Fürstenberg / Havel (OT Bredereiche)
WWW.CAPRIOLENHOF.DE

Im Hofladen gibt es Ziegenkäse und -fleisch, außerdem hausgemachte Kleinigkeiten und Ziegenmilcheis. Zu Veranstaltungen wie Osterfeuer, Mittsommerswing oder Heideblütenfest lohnt sich der Besuch besonders. Übernachten ist auf dem Biwakplatz im eigenen Zelt oder in der Jurte am Hof möglich. Verkauf der Produkte auch freitagnachmittags in der Bochumer Straße 11, 10555 Berlin und in ausgesuchten Geschäften.

Wintertour mit kalten Seen und heißer Therme

2 TAGE · 15 KM ·

Ein Wandertag, der mit Entspannung in der Sauna belohnt wird, ist ganz nach unserem Geschmack. Samstag reisen wir früh nach **ANNENWALDE** an und starten dort unsere Wandertour (16) vorbei an Seen und Biberspuren. Die kurze Strecke lässt uns genug Zeit, abends in **TEMPLIN** in der *NaturTherme* zu relaxen. Wir übernachten in einem der Gästehäuser und gönnen uns am Sonntag auszuschlafen, um den Tag mit einem gemütlichen Spaziergang entlang der Stadtmauer zu verbringen.

Heide, Havel und Ziegenkäse

2 TAGE · 17 KM / 25 KM ·

Besonders schön ist diese Tour im Spätsommer, wenn die Temperaturen zum Baden einladen und die Heide blüht. Dann fehlt zum ganz großen Glück nur noch guter Ziegenkäse. Am ersten Tag wandern wir ab **FÜRSTENBERG** auf Tour (15) entlang der Havel zur *Ziegenkäserei Capriolenhof* und übernachten hier im mitgebrachten Zelt oder der Jurte auf dem Biwakplatz. Die Teilnahme an einem der Hoffeste oder Grillabende verspricht leckeres Essen und gute Gesellschaft. Wer die Etappe in **ANNENWALDE** beschließen will, findet in der *Alten Gärtnerei* oder auf dem *Pferdehof* Übernachtungsmöglichkeiten. Duftende Heidelandschaft und ein paar klasse Badestellen machen den zweiten Tag perfekt, an dem wir Tour (16) nach **TEMPLIN** folgen.

Ein langes Wochenende am Wasser mit Freunden

3 TAGE · 14–24 KM ·

LYCHEN ist mit seinen vielen schönen Unterkünften unsere Basis für ein langes Wochenende. In der Stadt mit den sieben Seen lassen sich wunderschöne Paddeltouren unternehmen. Zu Kaffee und Kuchen machen wir Station in der *Kunstpause*. Der letzte Tag des Wochenendes ist unser Wandertag, wir laufen nach **TEMPLIN** (17). Unterwegs freuen wir uns über viele Bademöglichkeiten, in **ANNENWALDE** besteht die Möglichkeit, mit dem Bus abzukürzen.

15 · 16 · 17

BUS **LYCHEN**
17

Stadtsee

Zenssee

Platkowsee

ALT PLACHT
Kirchlein 👁

ANNENWALDE
BUS
16

CAPRIOLENHOF 🏠   **Heide** 👁   Miltenrinne

Densowsee

Kleiner Beutelsee

RÖDDELIN

TEMPLIN
BHF
Therme

Großer Beutelsee

Mahlgast-see

Röddelinsee

1 KM

FÜRSTENBERG — ANNENWALDE
27 KM (17 KM)

CHARAKTER

Diese Tour durch das Naturschutzgebiet *Kleine Schorfheide* ist im Spätsommer unschlagbar, denn die Heideblüte verwandelt dann einen ganzen Wegabschnitt in ein lila Farbenmeer. Auf mehr als der Hälfte der Strecke begleitet uns die *Havel*, wir genießen so manch schönen Ausblick auf den Fluss und haben Gelegenheit, in einem See zu baden. Eine Rast auf dem *Capriolenhof* verspricht Köstlichkeiten auf dem Teller — es gibt dort noch viel mehr als Käse.

WEGBESCHREIBUNG

Vom Bahnhof **FÜRSTENBERG / HAVEL** aus folgen wir der *Bahnhofstraße* und der *Brandenburger Straße* links bis in den Ortskern und biegen *Am Markt* rechts ab. Über die *Schwedtseestraße* gelangen wir Richtung Osten hinaus ins Grüne. — Auf einer überdachten Fußgängerbrücke überqueren wir den Stichkanal zwischen **SCHWEDTSEE** und **BAALENSEE** und verlassen durch den *Havelpark* und über die *Siggelwiesen* am Südufer der *Havel* das Stadtgebiet Fürstenberg. Auf diesem ersten Abschnitt orientieren wir uns stets an der *Havel* und können beobachten, wie sich die Landschaft entlang des Flusses wandelt. — Vorbei geht es an der alten Eisenbahnfähre und dem *Faserstoff-Gelände*, die beide mittels Schautafeln an ihre militärische Nutzung während des Zweiten Weltkriegs erinnern. Auf der anderen Seite des Ufers befindet sich hinter Bäumen das Gelände des ehemaligen Konzentrationslagers *Ravensbrück*, heute ist dort eine Gedenkstätte. — Unsere Strecke führt über Wiesen und am Waldrand entlang zum **STOLPSEE** mit einer idyllischen Badestelle und weiter durch waldiges Gebiet. — Nachdem die *Havel* wieder aus dem See heraustritt, passieren wir einen Campingplatz. Das Havelufer, an dem wir nun direkt entlang wandern, ist ein beliebter Treffpunkt für Angler, die hier nach Plötzen, Schleien und Karauschen fischen. — Bald schon laufen wir in ein paar Metern Höhe an der Kante eines Steilhangs entlang. Auf dem Fluss schippern von Zeit zu Zeit Boote und auch Stand-up-Paddler vorbei. In wilden Schleifen windet sich die *Havel* durch die Landschaft, in der sich Mischwäldchen und Wiesen mit Feldern abwechseln. — Wenn wir das kleine Dorf **BREDEREICHE** erreichen, überqueren wir die *Havel* schließlich auf einer kopfsteingepflasterten Straße und haben den Fluss ab jetzt rechts von uns. — Von der *Schleusenstraße* biegen wir rechts auf die *Dorfstraße* ein und können uns im *Eiscafé Undine* eine kleine Erfrischung gönnen. — Aus dem Ort hinaus folgen wir dem Fahrweg, der uns meist im Schatten von Mischwald ab und an einen Blick auf die *Havel* erlaubt. — Nach etwa 6 Kilometern kommen wir zum Rand der Heidelandschaft und rechter Hand auf einem kurzen ABSTECHER zu unserem Zwischenziel, dem *Capriolenhof* →TIPP an der *Regower Schleuse*. Hier lockt der Hofladen mit vielerlei Möglichkeiten zur Stärkung. Wer sein Nachtlager im Zelt aufschlagen will, bleibt hier und verbringt den Abend auf dem Hof direkt an der Havel. —— Bis Annenwalde sind es weitere 10 Kilometer. Für den folgenden Abschnitt empfiehlt es sich, mit dem bereits vor Antritt der Wanderung geladenen GPS-Track auf dem Smartphone zu navigieren, durch die Heide führt ein dichtes, teils unübersichtliches Wegenetz. Wanderkarten und Online-Kartenmaterial können teilweise voneinander abweichen. Und noch ein Wort der Warnung: Wir befinden uns nun auf einem ehemaligen Truppenübungsplatz der sowjetischen Streitkräfte, im Boden lauern immer noch Munition und Blindgänger. Unbedingt auf den ausgezeichneten Wegen bleiben! —— Vom *Capriolenhof* führt uns ein Weg nach Südosten, parallel zum Rand der HIMMEL-PFORTER HEIDE. —— Nach fast 2 Kilometern biegen wir an einer Wegkreuzung nach links in die Heide →INFO S. 177 ein und wenden uns nun in sanften Bögen zur kleinen Seenkette hin. Auf herrlichen Sandwegen erleben wir jetzt die Weite dieser wunderschönen Landschaft. Zur Heideblüte duftet es betörend. —— An einem Weg parallel zu den Gewässern wenden wir uns nach Norden, biegen also links ein. —— Am oberen Ende des großen Sees, der MILTENRINNE, nehmen wir den Weg nach rechts, zwischen den Gewässern hindurch. —— Erst an der zweiten Weggabelung biegen wir links ab und halten uns nun tendenziell immer geradeaus. Im Kiefernwald folgen mehrere Wegkreuzungen, auch hier am besten mit dem Track navigieren. —— Auf einem schnurgeraden Forstweg laufen wir etwa 1,5 Kilometer, bevor wir an einer Kreuzung mehrerer Wege nach links abbiegen und der Straße im Rechtsbogen bis in den Ort ANNENWALDE hinein folgen.

START

Fürstenberg/Havel, Bahnhof

ZIEL

Annenwalde, Bushaltestelle

MARKIERUNG

keine durchgängige Markierung

AN- UND ABREISE

Aus Berlin mit dem Zug nach Fürstenberg/Havel. Von Annenwalde fährt ein Bus, der manchmal als Rufbus verkehrt, nach Templin. Von dort bringt uns ein Zug zurück nach Berlin.

TIPP

Für den Abschnitt durch die Heide und den anschließenden Wald empfiehlt es sich, den Track vorab zu Hause schon auf das Mobiltelefon zu laden. Der Handyempfang ist unterwegs oft schwach und das Wegenetz auf dieser Teilstrecke etwas unübersichtlich. Wer diese Tour als Einzeletappe wandern und abends von Annenwalde aus zurück nach Berlin fahren will, sollte unbedingt die letzten Busabfahrtszeiten im Blick behalten und entsprechend zeitig loswandern.

OBERHAVEL · UCKERMARK

CHARAKTER

Diese kurze, aber sehr abwechslungsreiche Tour führt vom freundlichen Annenwalde über Feldwege und durch Wälder zu den Seen der Umgebung. Uns begegnen Spuren des Bibers, der hier die Landschaft mitgestaltet, und wir finden im Sommer an zwei besonders schönen Badestellen Erfrischung.

WEGBESCHREIBUNG

In der vorindustriellen Zeit war **ANNENWALDE** ein Glashüttendorf, hier wurden Glaswaren für Brauereien und Apotheken produziert. Heute widmet man sich dem Werkstoff hier aus künstlerischer Perspektive und führt die Tradition des Ortes in moderner Weise fort. Andere Künstler im Ort beschäftigen sich mit Malerei, Keramik und Holzbildhauerei. Die Dorfkirche im Schinkel-Stil und ein Weinberg zählen zu den Sehenswürdigkeiten. Benannt ist der Ort übrigens nach der Ehefrau des Glasmachers, der hier 1754 die erste Glashütte gründete. — Am Platz vor der Dorfkirche gehen wir nach links. — Zwischen Häusern hindurch gelangen wir zum *Skulpturenpark*. Durch die Kunstwerke schlendernd halten wir uns links, ein schmaler Weg führt hinab zum **DENSOWSEE**. Wir folgen nun für einige Zeit dem gelben Punkt. — Wir haben den See zu unserer Linken und laufen

auf einem Trampelpfad, eine Art Baldachin aus jungen Linden über unseren Köpfen. So geht es zwischen Feldrand und See entlang bis zum Wald. — Im Schatten der Buchen ist es nicht mehr weit bis zu einem Holzsteg, auf dem wir ein Schilfmeer durchqueren und den *Ragöser Bach* kreuzen. — Unseren Weg setzen wir auf der anderen Seite des Wassers rechts fort. Linker Hand haben wir zuvor aber Gelegenheit, über einen kurzen **ABSTECHER** die Stufen zu einem Aussichtsturm zu erklimmen und aus luftiger Höhe zu beobachten, was es mit dem Gewässer auf sich hat, das wir gerade überquerten. Ein kleiner See hebt sich schwarzglänzend von moorigen Wiesen ab. Es ist kaum zu glauben, aber diesen See hat der Biber mit Ästen und Zweigen aus dem Wasser des Bachs angestaut. — Wir erreichen **BEUTEL**, die nächste Ortschaft, und biegen im Ort nach rechts ab. — Wir gelangen an eine Kreuzung mit mehreren Richtungsschildern. An dieser Stelle lohnt sich ein **ABSTECHER** zum **GROSSEN BEUTELSEE** mit wirklich schöner Badestelle — hierzu einfach dem entsprechenden Schild nach rechts folgen. Eine große Liegewiese, ein Steg hinaus aufs Wasser und ein sanfter Einstieg machen diesen tollen Rast- und Badeplatz zu einem echten Geheimtipp. — Unser eigentlicher Weg setzt sich, dem Schild zum *Kleinen Beutelsee* folgend, nach links fort. — Wir überqueren auf feuchten Wiesen ein kleines Gewässer und gelangen an ein Waldstück. Hier zweigt links etwas versteckt ein schmaler Pfad ab. Er führt zum idyllischen Ufer des **KLEINEN BEUTELSEES**, dem wir bis zu seinem Ende folgen. —— Nachdem wir uns vom See abgewendet haben, treffen wir nach einigen Metern auf einen Waldweg, auf den wir nach rechts einbiegen und uns eine gute Strecke lang immer geradeaus halten. —— Die Landschaft öffnet sich und wir gelangen an einen sandigen Querweg, dem wir nach rechts folgen. —— Im Bogen bewegen wir uns durch den Wald zum RÖDDELINSEE. Dort, wo unser Weg ans Ufer trifft, wartet eine weitere tolle Badestelle mit großer Liegewiese. —— Links gelangen wir zunächst dicht am Ufer entlang, dann auf einem breiten Fahrweg nach **RÖDDELIN**. —— Über die *Templiner Landstraße* verlassen wir den Ort und folgen fortan dem blauen Kreuz ein Stück an der Straße entlang und schließlich wieder in den Wald hinein. —— Wir überqueren die Draisinengleise und wandern am Rande einer Wiese weiter Richtung Stadt. —— Rechts, über die *Ziegeleibrücke*, gelangen wir auf die andere Seite des *Templiner Kanals*. —— Wer direkt zum Bahnhof **TEMPLIN** möchte, folgt dem Schild ein paar Meter geradeaus, dann links. In den Stadtkern hingegen führt ein Weg gleich hinter der Brücke links am Kanal entlang.

START

Annenwalde, Bushaltestelle

ZIEL

Templin, Bahnhof

MARKIERUNG

gelber Punkt / blaues Kreuz

AN- UND ABREISE

Aus Berlin mit dem Zug nach Templin, von dort im Bus (teilweise Rufbus) weiter nach Annenwalde. Von Templin aus bringt uns der Zug wieder nach Berlin.

WISSENSWERTES

HEIDELANDSCHAFT

In den großflächigen offenen Heidelandschaften Norddeutschlands mit typischen Gewächsen wie Besenheide, Wacholder und Kiefer wurden jahrhundertelang Heidschnucken gehalten und Imkerei betrieben. Mit der Industrialisierung wurde diese Art der Landwirtschaft unrentabel und ein Großteil der Heiden ging durch Aufforstung, natürliche Bewaldung und Umwandlung in Ackerland verloren. In Ostdeutschland entstanden in der zweiten Hälfte des 20. Jahrhunderts neue Heidegebiete auf den zahlreichen Truppenübungsplätzen. Die Gesamtgröße aller Heidegebiete in Brandenburg beträgt heute über 12.000 Hektar — mehr als in jedem anderen Bundesland. In der Heide leben viele speziell angepasste Tier- und Pflanzenarten, die oft sehr selten oder gar gefährdet sind, wie zum Beispiel Wildbienenarten und Vögel wie Brachpieper, Wiedehopf und Heidelerche. Um deren Lebensraum zu sichern, pflegt der Mensch die Heide etwa durch Mahd oder Abtragen der Humusschicht und setzt Schafe und Ziegen als Landschaftspfleger ein.

OBERHAVEL · UCKERMARK

CHARAKTER

Sehr abwechslungsreich führt diese Tour an vielen schönen Seen entlang, die im Sommer zum Baden einladen. Die Buchenwälder um die beliebte Stadt Lychen sind aber auch im Herbst mit gefärbtem Laub atemberaubend. Mit dem *Kirchlein im Grünen* begegnet uns eine hübsche Sehenswürdigkeit am Wegesrand, und Annenwalde bietet die Möglichkeit zur Einkehr oder auch zur Abkürzung.

WEGBESCHREIBUNG

Das beschauliche **LYCHEN**, zwischen sieben Seen gelegen, ist vor allem durch Wasser geprägt. Die Flößerei war vom 18. Jahrhundert bis in die 1970er Jahre ein wichtiger Wirtschaftszweig. Und wer hätte gewusst, dass mit der Reißzwecke ein weltweit genutzter Alltagsgegenstand in Lychen erfunden wurde? —— Von der Haltestelle *Lychen Markt* aus verlassen wir den Ort gen Süden. Dabei biegen wir an der Kirche erst auf die *Hospitalstraße* und dann auf die *Templiner Straße* ab. —— So gelangen wir auf einem Damm zwischen **OBER-PFUHL** und **STADTSEE** hindurch. —— Kurz geht es bergan. Linker Hand führt die uns ab jetzt zuverlässig leitende Markierung (blaues Kreuz) zum Ufer des **ZENSSEES**, den wir für die nächsten Kilometer stets links neben uns wissen. —— Bald bemerken wir von der Bebauung

kaum noch etwas, das Seeufer liegt getrennt durch einen baumbestandenen Hang weit unterhalb des Straßenniveaus. Erste Badestellen machen Lust auf eine Erfrischung, wir werden auf dieser Tour noch öfter gute Gelegenheit zum Schwimmen haben. —— Eine ganze Weile laufen wir so durch den Laubwald und lassen den Blick übers Wasser ziehen. —— Am Südzipfel des *Zenssees* überqueren wir auf einer Brücke schließlich das Gewässer und biegen rechts ab, um den **PLATKOWSEE** von seinem Nordufer aus zu erleben. Zu großen Teilen führt unser Weg auf einem Hochufer weiter und wir genießen den herrlichen Ausblick. Ab und an haben wir auch hier Gelegenheit, über eine niedrige Uferkante ins Wasser zu steigen. Vor allem im Herbst ist der Buchenwald mit seinem gelb gefärbten Laub spektakulär. —— Am Südende des *Platkowsees* verlassen wir die Seenkette und gelangen im Bogen durch den Wald zur Siedlung **ALT PLACHT**, hinter der das *Kirchlein im Grünen* mit schönem Rastplatz die Wanderer grüßt. Um 1700 von Hugenotten errichtet, gehörte der Fachwerkbau zum damaligen Gutshof Alt Placht. —— Hinter dieser Wegmarke biegen wir rechts ab und durchqueren auf einem breiten, sandigen Forstweg den Wald. —— Nach einiger Zeit überqueren wir die stillgelegten Bahngleise zwischen Fürstenberg und

Templin. —— Wir gelangen an eine Straße. Auf der anderen Seite wandern wir schräg gegenüber weiter, es geht abermals durch Wald. —— Schließlich öffnet sich die Landschaft. Die Markierung führt uns am Waldrand entlang über Wiesen und Felder, vorbei an einem kleinen See und schließlich zu einer Straße, die rechts nach **ANNENWALDE** hineinführt. Hier ist nach 14 Kilometern etwas mehr als die Hälfte des Weges geschafft. Gelegenheit zur **ABKÜRZUNG** bietet der Bus, der von Annenwalde nach Templin fährt. Auch übernachten kann man hier. —— Weiter Richtung Templin geht es beim Erreichen der Landstraße nach links, bevor wir abermals links auf einen Feldweg einbiegen. —— Das **VORWERK ANNENWALDE** passieren wir und laufen bald wieder unter Bäumen entlang. —— Nochmal überqueren wir eine Straße und laufen das nächste Wegstück auf einem Sandweg durch Kiefernwald und vorbei an Wiesen. —— Wir erreichen den **GROSSEN MAHLGASTSEE,** biegen links auf den Uferweg ein und freuen uns, dass wir nun wieder einen wasserreichen Abschnitt vor uns haben. Die letzte Badestelle des Tages können wir kurz vor Ende des *Großen Mahlgastsees* nutzen. —— **RÖDDELIN** durchqueren wir und verlassen es über die *Templiner Landstraße,* der wir bis zum Ende des **RÖDDELINSEES** folgen. —— Dann biegen wir mit der Markierung rechts auf einen Wanderweg ab, der durch bewaldetes Gebiet und noch einmal über die Gleise der Draisine führt. —— Rechts, über die *Ziegeleibrücke,* gelangen wir auf die andere Seite des *Templiner Kanals* und setzen unseren

Weg *Am Birkenhain* bis zum Bahnhof **TEMPLIN** fort. In Templin, der »Perle der Uckermark«, lohnt sich eine kleine Stadttour entlang der vollständig erhaltenen Stadtmauer aus dem 13. und 14. Jahrhundert. Durch die vielen Tore kann man während des Spaziergangs immer wieder von der Außen- zur Innenseite der Mauer wechseln.

START
Lychen, Markt

ZIEL
Templin, Bahnhof /
Annenwalde, Bushaltestelle

MARKIERUNG
blaues Kreuz auf Weiß
»Märkischer Landweg«

AN- UND ABREISE
Nach Lychen gelangt man von Berlin über Fürstenberg/Havel, von dort geht es weiter mit dem Bus. Von Templin aus kommt man bequem mit dem Zug zurück nach Berlin. Wer die Strecke nur bis Annenwalde läuft, kann von dort den (Ruf)Bus nach Templin nehmen.

ALTE GÄRTNEREI
IM BAUWAGEN ZU BETT GEHEN

Neben mehreren Ferienzimmern und Ferienwohnungen steht im Garten der Alten Gärtnerei ein gemütlicher Bauwagen mit Holzofen für die Nachtruhe bereit. Auf dem Hof leben Tiere alter Rassen wie beispielsweise Mangalitzaschweine. Nach Absprache darf man Obst und Gemüse aus Garten und Gewächshaus selbst ernten.

Vorwerk · 17268 Templin (OT Annenwalde)
WWW.ALTE-GAERTNEREI-ANNENWALDE.DE

NATURTHERME TEMPLIN
RELAXEN IM THERMALSOLEBAD

Hier findet man Entspannung nach einem langen Wandertag. Im Saunagarten lockt zum Beispiel die Erdsauna, der Grottengang verspricht Gutes für die Atemwege und geschaukelt wird im Wellenbecken.

Dargersdorfer Straße 121 · 17268 Templin
WWW.NATURTHERMETEMPLIN.DE

PFERDEHOF ANNENWALDE
ÜBERNACHTEN AUF DEM TRABERHOF

Egal in welcher der Ferienwohnungen man nächtigt, morgens wird man von Pferdegetrappel geweckt. Falls nicht direkt wieder die Wanderstiefel geschnürt werden, bieten sich vielleicht Reitstunden an.

Annenwalde 27 · 17268 Templin (OT Annenwalde)
WWW.PFERDEHOF-ANNENWALDE.DE

01 · RE:HOF RUTENBERG
STILVOLL WOHNEN AUF DEM PFARRHOF

Wer ein langes Wochenende in und um Lychen verbringen möchte, dem sei dieses Domizil rund eine Wanderstunde nördlich der Stadt empfohlen. Ein Künstlerpaar aus Amsterdam hat den Ort zu einem Paradies der Ruhe mit verschiedensten Unterkünften umgebaut: Lofts im Stallgebäude, Architektenpavillons im Garten und zwei Ferienwohnungen. Es gibt eine Sauna und einen Hofladen. Mindestaufenthalt in der Hauptsaison: drei Nächte.

Dorfstraße 23 · 17279 Lychen (OT Rutenberg)
WWW.REHOF-RUTENBERG-FERIENHAUS-BRANDENBURG.DE

02 · CAFÉ KUNSTPAUSE
HÜBSCHE EINKEHR MIT GARTEN

Ganz idyllisch liegt das kleine Café an der Lychener Stadtmauer. Der Garten neben dem Haus lädt ein, den selbstgebackenen Kuchen, kleine Speisen oder ein Glas Wein draußen in der Sonne zu nehmen. Im Laden gibt es Gaumenfreuden und schöne Dinge aus der Uckermark.

Berliner Straße 60 · 17279 Lychen
WWW.KUNSTPAUSE-LYCHEN.DE

01

02

03

MEIN LYCHEN
EIN BED AND BREAKFAST,
DAS ALLES HAT

Die Einrichtungsstile der vier Gästezimmer und zwei Studios kreisen jeweils um ein anderes Reiseland. Bibliothek, Jagdzimmer mit Schwedenofen, eine Sauna und der große Garten können von allen Gästen genutzt werden. Mindestaufenthalt in der Hauptsaison: zwei Nächte.

Berliner Straße 43 · 17279 Lychen
WWW.MEINLYCHEN.DE

03 · BOOTSCHAFT STUDIOS
AUFWACHEN MIT SEEBLICK

Die vier farbenfrohen Ferienwohnungen lassen keine Wünsche offen. Moderne Einrichtung, neueste Unterhaltungstechnik, Espressomaschine und der Zugang zum Garten mit Grill und Liegestühlen gehören zur Ausstattung. Kajaks und Fahrräder kann man kostenlos leihen. Mindestaufenthalt: zwei Nächte.

Templiner Straße 3 · 17279 Lychen
WWW.BOOTSCHAFTLYCHEN.DE

TREIBHOLZ
BOOTE UND FLÖSSE

Das Unternehmen verleiht nicht nur Kanus und Kajaks sondern bietet auch romantische Floßfahrten an. Inklusive Überdachung, wärmender Decken und Getränken an Bord.

Oberpfuhlstraße 3 a · 17279 Lychen
WWW.TREIBHOLZ.COM

KUTSCHERREMISE
SCHLAFEN MIT WASSERBLICK

Wer in der Gruppe unterwegs ist, findet hier eine freundliche Herberge im Lychener Stadtkern, direkt am Wasser. In der ehemaligen Kutscherremise haben bis zu neun Gäste Platz. Mindestaufenthalt zwei Nächte.

Stabenstraße 21 · 17279 Lychen
WWW.REMISE-LYCHEN.DE

SELTENE SORTEN UND ALTE ALLEEN

Die sanft geschwungene Landschaft der Nordwestuckermark, ein Märchenschloss, preisgekrönte Pfade und wunderschöne alte Alleen machen für uns die Gegend zwischen Fürstenwerder und Boitzenburg aus. Auch Streuobstwiesen säumen hier manches Mal unseren Weg. Deren Apfel- und Birnbäume pflegen und ernten Edda Müller und Florian Profitlich, um mit alten Sorten ausgezeichnete Obstweine zu keltern. Probieren kann man die guten Tropfen direkt vor Ort, in der Weinschänke auf dem *Gutshof Kraatz*. Auch sortenreine Säfte bekommt man hier.

GUTSHOF KRAATZ

BOITZENBURGER LAND · NATURPARK UCKERMÄRKISCHE SEEN · UCKERMARK

D

Dicke Schale, herber Geschmack, manche Äpfel sind fast bitter. Die kleinen, etwas runzeligen Früchte sind das Gegenteil des herkömmlichen Apfels aus dem Supermarkt. Diese alten Sorten bieten das, was man für einen Apfelwein braucht: Reichlich Gerbstoffe und reichlich Charakter. Auf dem *Gutshof Kraatz* gewährt uns Florian Profitlich, der Mann hinter den Obstweinen, Einblick in seine Arbeit. In einer hohen Backsteinscheune hat er sich eine Kelterei eingerichtet. Hier wird von Hand gepresst, abgefüllt und etikettiert. Auf hüfthohen Gärtanks prangen herrlich klangvolle Sortennamen wie *Geflammter Kardinal* oder *Kaiser Wilhelm Renette*.

In der Mitte des Dorfes Kraatz steht ein großes Herrenhaus aus der Mitte des 19. Jahrhunderts, ortsüblich als Schloss Kraatz bezeichnet. Als wir an dem Gebäude vorbeilaufen, tanzen 1920er-Jahre-Szenen vor unserem inneren Auge. Elegante Gesellschaften, rauschende Feste im Gutshaus. Heute leben ein paar Schritte weiter Edda Müller und Florian Profitlich den Traum so einiger Städter mit Landsehnsucht. Eigentlich, so erzählt uns Edda in der urgemütlichen Weinschänke, seien sie auf der Suche nach einem Wochenendhäuschen gewesen, »dass es dann gleich ein halber Gutshof wurde, hat sich so ergeben.« Angefangen haben die beiden mit der Vermietung von Ferienwohnungen in der Remise. Ökologisch saniert und mit viel Liebe zum Detail eingerichtet. Das war vor neun Jahren. Dann begann das Paar mit dem Ausbau der Scheune zur Kelterei. Es folgten weitere Gästezimmer im Bauernhaus und zuletzt, vor fünf Jahren, die Eröffnung eines kleinen Restaurants, der Weinschänke.

Dort erwartet uns am Abend ein hervorragendes Menü von Gastkoch Jens Köhler, der im Wechsel mit anderen Kollegen die allsamstäglichen Menü-Abende bespielt. Es gibt Birne, und zwar in drei Gängen. Mal in Form einer fruchtigen Birnen-Hollandaise auf bitterem, gebackenem Chicorée, dann im Rotkraut, das zum Gulasch vom Uckermärker Rind gereicht wird. Im Dessert wird die Birne schließlich in Krapfenteig ausgebacken. Dabei stammen die meisten der verwendeten Produkte aus den umliegenden Dörfern und, sofern möglich, aus Bio-Anbau. Die Produzenten werden in der Speisekarte namentlich genannt. Die Weinbegleitung umfasst — wie könnte es anders sein — verschiedene hauseigene Apfelweine und Fruchtseccos. Wir sind restlos begeistert.

Florian und Edda merkt man das Herzblut an, das sie in den Hof, die Gastwirtschaft und die Kelterei stecken. Dabei geht es ihnen immer auch um die Bewahrung dessen, was sie vorfinden. »Alte Apfelsorten kann man nur erhalten, wenn man sie wirtschaftlich nutzt und dafür pflegt«, erklärt der Hausherr. Also zieht er im Winter regelmäßig mit Schere, Säge und Leiter los und schneidet die Apfel- und Birnbäume auf Streuobstwiesen und an Obstalleen in der Umgebung aus. Im Gegensatz zu Plantagen sind die Bäume hier hochstämmig, über die ganze Wiese verstreut und bieten somit wertvollen Lebensraum für Tier- und Pflanzenarten. Vögel, Insekten und viele andere Kleinlebewesen finden beispielsweise in Stämmen Schutz und ernähren sich von Blüten, Knospen und Früchten. Naturschutz, Sortenerhalt und ein sehr besonderer Genuss gehen hier also Hand in Hand.

Gelernt hat der Architekturfotograf die Kelterei von erfahrenen Apfelwinzern, die dem Quereinsteiger mit viel Hilfsbereitschaft begegnet sind, wie er betont. Der Erfolg gibt ihm recht: Sogar bis in die Heimat des Äppelwoi, nach Frankfurt am Main, haben es die mehrfach preisgekrönten Kraatzer Weine mittlerweile geschafft. Der Jahrgang 2018 hat es Florian besonders angetan: Der heiße und trockene Sommer brachte kleinere Äpfel, die enorm viel Fruchtzucker besaßen und einen besonders intensiven Geschmack entwickelten. »Durch das warme Jahr haben wir einige sehr starke Charaktere in der Flasche.«

GUTSHOF KRAATZ

Schloßstraße 7
17291 Nordwestuckermark (OT Kraatz)
WWW.GUTSHOF-KRAATZ.DE

Kleiner, feiner Hofladen und gastronomisches Angebot in der urigen Weinschänke. Außerdem werden Zimmer vermietet. Regelmäßig finden spezielle Menü-Abende und Pizza-Abende statt. Am Wochenende lässt es sich toll frühstücken. Die Weine und Säfte sind auch in ausgesuchten Geschäften in Berlin und deutschlandweit erhältlich.

Feld, Wald, Wein

2 TAGE · 9 KM / 19 KM · 🏠 ⛰ 👁

Wer herausfinden will, wie die Uckermark schmeckt, sollte seine kulinarische Reise auf dem *Gutshof Kraatz* beginnen und in der Weinschänke einkehren. Eine kurze Wanderung ⑱ führt uns am Samstag von **FÜRSTENWERDER** nach **KRAATZ**, wo uns gute Küche auf dem Teller und alte Apfelsorten im Glas erwarten. Am Nachmittag fährt ein Bus nach **FÜRSTENWERDER**. Von hier aus spaziert man entweder noch eine gute Stunde zum *Kulturgut Wrechen*, um in romantischer Atmosphäre zu übernachten, oder man bezieht direkt in Fürstenwerder Quartier. Am nächsten Tag führt uns die bezaubernde Tour ⑲ vorbei an Seen mit Badegelegenheit, durch herrliche Wälder und Alleen. Rechtzeitig für ein kühles Getränk im Biergarten des *Gasthofs zum Grünen Baum* erreichen wir **BOITZENBURG**, bevor am Nachmittag der letzte Bus zurück Richtung Berlin fährt.

Unterwegs auf preisgekrönten Pfaden

2 TAGE · 19 KM / 13 KM · ⛰ 👁

Kaum steigt man in **FÜRSTENWERDER** aus dem Bus, ist die stressige Großstadt schon ganz weit weg. Über die vielgelobten Hügel der Uckermark, durch abgelegene Wälder und vorbei an stillen Seen führt uns Tour ⑲ nach **BOITZENBURG**. Im *Gasthof zum Grünen Baum* lassen wir uns die regionale Küche schmecken und übernachten in hübschen Zimmern. Am zweiten Tag gibt es auf dem preisgekrönten »Kleinen Boitzenburger« ⑳ viel zu sehen. Nach reichlich Kaffee und Kuchen im *Marstall* reisen wir nachmittags mit dem Bus wieder ab.

1 KM

Dammsee

HILDEBRANDSHAGEN

Bülowssiege

DAMEROW

GUTSHOF KRAATZ

18

BUS

FÜRSTENWERDER

19

KRAATZ BUS

WRECHEN

Großer See

Großer Parmensee

PARMEN

Petznickseen

Gemütliches Wochenende rund ums Märchenschloss

2 TAGE · 13 KM ·

Wir reisen am Samstag nach **BOITZENBURG**, übernachten im liebevoll renovierten *Gasthof zum Grünen Baum* und brechen am Sonntagnachmittag wieder auf — so viel steht fest. Ansonsten gestalten wir dieses Wochenende nach Lust und Laune. Es bieten sich an: ein Blick ins märchenhafte Schloss, eine Wanderung auf dem »Kleinen Boitzenburger« 20, eine Architekturführung oder ausgiebiges Kaffeetrinken mit Buttercremetorte im *Marstall*. Vielleicht steht uns der Sinn auch nach einer Kräuterwanderung oder einem Eisbecher in der *MoccaMilch Eisbar*?

ZERWELIN

BOITZENBURG BUS 20

Schumellensee

Schloss

Krienkowsee

FÜRSTENWERDER — KRAATZ

9 KM

CHARAKTER

Eine kurze Spaziertour führt uns auf charmanten Feldwegen und durch Wald zum *Gutshof Kraatz*, wo Apfelwein und feine Küche uns erwarten. Unterwegs bietet sich ein Abstecher zum *Dammsee* mit Bade- und Picknickgelegenheit an und wir kommen am Vorwerk *Bülowssiege* mit seiner beeindruckenden Feldsteinarchitektur vorbei.

WEGBESCHREIBUNG

Startpunkt dieser Tour ist **FÜRSTENWERDER**, ein kleiner Ort zwischen *Dammsee* und *Großem See*, ganz im Norden der Uckermark. Zwei mittelalterliche Stadttore sind hier erhalten, bis ins 19. Jahrhundert hatte das Dorf Stadtrecht. Fürstenwerder ist auch Romanstoff — hier spielt Saša Stanišićs »Vor dem Fest«. — Am Bushäuschen wenden wir uns nach Osten und biegen nach einigen Metern links auf einen Weg ein, der uns aus dem Dorf hinaus führt. — Unter den weiten Kronen von Ahornbäumen laufen wir über Felder und durch offene Landschaft. Parallel, aber über den Großteil der Strecke nicht sichtbar, erstreckt sich der *Dammsee*. Sein Nordufer markiert die Grenze von Brandenburg und Mecklenburg-Vorpommern. — Nach einiger Zeit gelangen wir an eine T-Kreuzung, an der rechts der Weg nach *Bülowssiege* führt. Wer

mag, kann nach links zuvor noch einen **ABSTECHER** zum **DAMMSEE** machen und damit auch die Landesgrenze überqueren. In **HILDEBRANDSHAGEN**, ungefähr eine halbe Stunde Fußweg von der T-Kreuzung entfernt, gibt es direkt am Ortseingang eine hübsche Badestelle mit Rastplatz. — Am Vorwerk **BÜLOWSSIEGE** angekommen, lohnt sich ein genauerer Blick in den Hof. Die eindrucksvollen Fassaden aus Feldstein mit gotisierenden Backsteinelementen begegnen uns auch beim *Forsthaus Kiecker* in **TOUR 19**. Der 1829 errichtete und nach dem preußischen General der Freiheitskriege Friedrich Wilhelm Freiherr von Bülow benannte *Gutshof Bülowssiege* ist als Gesamtanlage erhalten und als kulturhistorisches Denkmal geschützt. — Hinter dem Gutshof erreichen wir das Naturschutzgebiet *Damerower Wald*. — Bald geht es ein paar Schritte über Wiesen, bis wir an einer T-Kreuzung nach links abbiegen. — Nach rund 300 Metern zweigt rechts ein Weg ab, der nun in den größeren Teil des Waldes hineinführt. — An der schon nach wenigen Schritten folgenden Weggabelung halten wir uns abermals rechts. — Nun geht es fast einen Kilometer lang geradeaus, bis wir an eine Kreuzung gelangen. Dort wenden wir uns nach links. — Der Weg führt uns aus dem Wald hinaus und auf einer Allee durch Felder hindurch bis nach **DAMEROW**. —

Rechter Hand erreichen wir den Ortskern, den wir bei nächster Gelegenheit wiederum nach rechts verlassen. —— Ab hier führt eine schöne kopfsteingepflasterte Allee bis in unseren Zielort **KRAATZ**. Eine Einkehr auf dem *Gutshof Kraatz →TIPP* beschließt diese kurze Wanderung. —— Um zur Bushaltestelle zu gelangen, durchqueren wir den Ort, bis wir zur Landstraße kommen.

START

Fürstenwerder, Dorf

ZIEL

Kraatz (UM), Dorf

MARKIERUNG

keine durchgängige Markierung

AN- UND ABREISE

Von Berlin aus geht es mit dem Zug zunächst nach Prenzlau, von dort mit dem Rufbus, der reserviert werden muss, nach Fürstenwerder. Ab Kraatz fährt ein Bus zurück nach Prenzlau — und von dort der Zug weiter nach Berlin — oder aber in die andere Richtung nach Fürstenwerder, wenn dort übernachtet und am nächsten Tag weitergewandert wird.

WISSENSWERTES
ALLEEN

Mit rund 8.000 Kilometern ist Brandenburg das alleenreichste Bundesland. Die häufigsten Alleebäume sind derzeit Spitzahorn, Linde und Eiche. Einst wurden Baumreihen rechts und links der Straßen gepflanzt, um es Fuhrwerken zu erschweren vom Weg abzukommen und in den Graben zu stürzen. Napoleon wird nachgesagt, er habe in Frankreich und ganz Europa Alleen anpflanzen lassen, damit seine Soldaten während der Sommerhitze im Schatten marschieren konnten und weniger ermüdeten. Außerdem konnten sie jederzeit Holz schlagen und im Falle von Obstbaumalleen die Früchte verzehren. Wegen der hohen Anzahl tödlicher Verkehrsunfälle wird heutzutage immer mal wieder diskutiert, die Bäume entlang der Straßen zu fällen. Dagegen sprechen ihre Vorteile: Sie schützen die Fahrbahn vor Witterungsextremen, binden Emissionen, gewähren optische Lenkung und Führung der Verkehrsteilnehmer und bieten Lebensraum für viele Insekten, Kleinsäuger und Vögel. Durch einen Landtagsbeschluss gelten sie zudem als erhaltenswertes kulturhistorisches Landschaftselement.

UCKERMARK

CHARAKTER

Hügelige Felder, großflächige und abwechslungsreiche Mischwaldgebiete und Alleen formen die Landschaft dieser Tour. Drei Seen und mehrere Badestellen erwarten uns. Eine Einkehrmöglichkeit gibt es unterwegs, es lohnt sich aber, für den Besuch einer der Gastwirtschaften am Ziel im hübschen Boitzenburg genügend Zeit einzuplanen.

WEGBESCHREIBUNG

Vom Bushäuschen in **FÜRSTENWERDER** geht es nach Osten los, ein Abzweig nach rechts führt uns aus dem Ort hinaus. — Am Ortsausgang erreichen wir eine Weggabelung und schlagen den Weg nach rechts ein. — Ein Feldweg führt uns über Hügel in die offene Landschaft. Drehen wir uns auf dem höchsten Hügel noch einmal Richtung Fürstenwerder um, bietet sich ein herrliches Panorama. — Nach einer Weile gelangen wir zum Naturschutzgebiet *Kiecker*, ein bezaubernder Mischwald. — In einer Kurve führt der Weg zunächst am Waldrand entlang und schließlich nach rechts in den Wald hinein. — Am nächsten Querweg biegen wir nach rechts auf einen Forstweg ein, der uns einmal längs durch den *Kiecker* leitet. Auch hier setzt sich das leichte Bergauf und Bergab fort. Es lohnt sich, ein Bestimmungsbuch für Bäume dabei zu haben,

um all die verschiedenen Arten zu erkennen. — Am Ende des Waldes passieren wir ein schmuckes Forsthaus mit Feldsteinfassade und gotisierenden Spitzbögen. — Gleich dahinter biegen wir links auf die Straße ein, die nach **PARMEN** führt. In der Rechtskurve noch vor dem Ortseingang knickt unser Weg nach links ab. — Wir gönnen uns hier jedoch erst einmal eine Picknickpause an der Badestelle am **PARMENER SEE**, der rechter Hand am Fuße einer Wiese liegt. Wer mehr Zeit mitbringt, sollte auf einen kurzen ABSTECHER zu Kaffee und Kuchen im *Kräutercafé Parmen* →TIPP einkehren. — In der Kurve biegen wir auf das Motocross-Areal ein, ein schmaler Asphaltweg führt uns am Rande der Anlage weiter. — Am Ende des Geländes stoßen wir auf eine verwinkelte Kreuzung, an der wir unsere Gehrichtung beibehalten, indem wir uns kurz nach links und sogleich wieder nach rechts wenden. — Auf der linken Seite sehen wir nun eine Kiesgrube, während wir über den sandigen Weg weiterlaufen. Wir überqueren die Landstraße und setzen unseren Weg geradeaus auf einem asphaltierten Radweg an Feldern entlang fort. — Erneut stoßen wir auf eine Straße, der wir nach rechts folgen, dabei halten wir uns auf dem links neben der Straße *Am alten Bahnhof* verlaufenden Radweg. — Dort, wo die Straße eine Rechtskurve macht, biegen wir links auf einen Weg ein. —— Nach wenigen hundert Metern sehen wir links ein Gewässer, genau hier führt unser Weg nach rechts in den Wald hinein. Zwischen den Bäumen verstecken sich verlassene Kasernen, die seinerzeit zu einer Fliegerabwehr-Raketeneinheit der NVA gehörten. —— Ab hier folgen wir der asphaltierten Straße durch den Wald. —— Kurz oberhalb des ⚇ **GROSSEN PETZNICKSEES** führt ein Trampelpfad rechter Hand zu einem Hochufer, von dem aus man Zugang zu einer ruhig gelegenen Picknick- und Badestelle hat, bevor ein Stückchen weiter eine weitere, zugänglichere Badestelle folgt. —— Die Straße führt zu einem einzelnen Haus, an dem rechts ein Waldweg abzweigt, der am See entlang führt. Hier beginnt ein besonders schöner Abschnitt, an dem noch mehrere Bademöglichkeiten warten. —— Etwas weiter erreichen wir auch noch den **KLEINEN PETZNICKSEE**, an dessen Ufer wir ein kurzes Stück weiterlaufen, bevor links ein Weg abgeht, der uns leicht bergan vom See weg führt. —— An einer T-Kreuzung biegen wir nach rechts ab und wandern nun geradewegs durch einen Waldabschnitt mit viel Eichenbestand, vorbei an einem Moor und schließlich durch Nadelwald. —— An einer Weggabelung stoßen wir auf den rot markierten Weg der *Uckermärker Landrunde*. Der Wegweiser, dem wir folgen, zeigt rechts nach Boitzenburg. Ab hier sind es noch 4 Kilometer bis zu unserem Etappenziel. —— Wir gelangen aus dem Wald heraus unter Kastanien entlang zu den Häusern von **ZERWELIN**. —— Ab hier folgen wir geradeaus einer uralten, wun-

derschönen Lindenallee. —— An deren Ende biegen wir links auf eine asphaltierte und befahrene Kastanienallee ab und laufen an einer Streuobstwiese vorbei nach **BOITZENBURG**. —— Bald schon sehen wir vor uns den Kirchturm, der uns den Weg zum Zielort weist. Die Bushaltestelle befindet sich linker Hand auf der *August-Bebel-Straße*, gleich vor der *MoccaMilch Eisbar* →TIPP. Ein Abstecher in den Ortskern und zum hübschen **SCHLOSS BOITZENBURG** ist empfehlenswert.

🌲

START
Fürstenwerder, Dorf

ZIEL
Boitzenburg, Dorf

MARKIERUNG
keine durchgängige Markierung

AN- UND ABREISE
Von Berlin aus geht es mit dem Zug zunächst nach Prenzlau, von dort mit dem Rufbus, der vorab reserviert werden muss, nach Fürstenwerder. Zurück in die Hauptstadt gelangt man von Boitzenburg aus mit dem Bus bis Prenzlau, ab dort im Zug.

TIPP
Der letzte Bus ab Boitzenburg zurück Richtung Berlin fährt wochenends schon am Nachmittag, darum empfehlen wir, früh aufzubrechen und die Uhr im Blick zu behalten.

UCKERMARK

CHARAKTER

Als Teil des *Doppelten Boitzenburgers* wurde diese Tour 2009 als schönster Wanderweg Deutschlands ausgezeichnet. Und tatsächlich ist die Strecke, die größtenteils durch Mischwald führt, wegen ihrer vielen Sehenswürdigkeiten am Wegesrand sehr attraktiv. So treffen wir auf eine Klosterruine, auf eine knorrige Eiche mit beachtlichem Stammumfang und auf einen Findling, dazu genießen wir die Aussicht aufs märchenhafte *Schloss Boitzenburg*. Außerdem haben wir Gelegenheit zum Baden, und es bieten sich viele Rastplätze für kurze Pausen an. Die Tour kann nach der Hälfte sehr gut abgekürzt werden und eignet sich auch deshalb hervorragend für Einsteiger oder für das Wandern mit Kindern.

WEGBESCHREIBUNG

Wir starten die Tour in **BOITZENBURG** mit Blick auf die Kirche und biegen links in die *Templiner Straße* ein, der wir im Bogen um den *Marstall* und am 👁 **SCHLOSS** vorbei folgen. — Auf der linken Seite erscheinen bald mehrere landwirtschaftliche Gebäude und eine langgezogene Scheune, hinter der wir links in die Straße *Am Gutshof* abbiegen. — An der nächsten Straßenkreuzung halten wir uns weiter geradeaus. — So erreichen wir das *Marienfließ*. Noch vor der Brücke schlagen wir rechts den schmalen *Poetensteig* ein. — Der Pfad schlängelt sich am Wasser entlang und mündet schließlich auf einen breiteren Querweg, der uns links zur 👁 **KLOSTERMÜHLE** bringt. Diese immer noch funktionstüchtige Wassermühle ist heute ein Museum. — Ein paar Schritte weiter wählen wir den Weg rechts und erreichen die Ruine von 👁 **MARIENPFORTE**, einem ehemaligen Zisterziensernonnenkloster. — Dahinter biegen wir rechts ab und begegnen erneut dem *Marienfließ*, das wir nun auf der *Schäferbrücke* überqueren. — Auf der anderen Seite wandern wir weiter, bis wir uns an einem Querweg nach links wenden. — Auch an der nächsten Gabelung halten wir uns links, dem Schild *Kleiner Rundweg* folgend. — Vorbei an der ältesten Eiche des Waldes gelangen wir an eine weitere Weggabelung. Auch hier geht es links weiter Richtung *Krebsbrücke*, wo wir abermals das Fließ queren. — Bergauf setzt sich unser Weg fort, bis wir auf einen breiten Querweg und den *Jägerplatz* stoßen. Die Lichtung mit den imposanten Überresten einer weiteren alten Eiche lädt zur Rast. Der uns umgebende *Tiergarten* verdankt seinen Namen der ehemaligen Nutzung als Wildgatter durch die Grafen von Arnim. — Richtung 👁 *Verlobungsstein* folgen wir dem breiten Waldweg nach rechts. Nach ein paar Metern bietet sich die Gelegenheit zu einem kleinen ABSTECHER zu dem beeindruckenden Granitfindling. — Zurück auf dem ursprünglichen Weg halten wir uns rechts und werden hinab zum *Karpfenteich* geführt. — Auf einem schmalen Holzsteg, der *Hirschbrücke*, wandern wir über das Wasser, an einer Schutzhütte vorbei und dahinter in leichtem Anstieg bergauf. — Wir folgen dem Wegverlauf und gelangen an ein Haus, wo wir uns links halten. — Im Rechtsbogen geht es auf eine Lindenallee und auf dieser zurück in Richtung Boitzenburg. — Wir treffen erneut auf die Landstraße in der Ortschaft. Die erste Hälfte der Schleife ist nun geschafft. Wer nicht mehr weiter laufen mag, kann die Tour hier ABKÜRZEN und bei Kaffee und Kuchen auf diejenigen warten, die noch weiter wandern. — Alle anderen überqueren die Straße und folgen auf der anderen Seite dem ansteigenden Weg. — Er mündet nach wenigen Metern in eine zweite Landstraße, der wir nach links folgen. — Nach ein paar Schritten auf dem Asphalt zweigt kurz nach dem Ortsschild rechter Hand ein Weg in den Wald ab und wir gelangen in den als Parkerweiterung angelegten Buchenwald *Carolinenhain*. — Gleich am Anfang führt ein ABSTECHER zur *Begräbnisstätte der von Arnims* und dem *Apollotempel*, von dem aus man einen Panoramablick auf das Schloss genießt. — Nach einiger Zeit durch den stillen Wald stoßen wir auf den **KRIENKOWSEE**. Das Hochufer erlaubt uns einen schönen Blick hinab auf das Wasser, so dass wir am Rastplatz *Dietlofs Lust* eine Pause mit Aussicht genießen können. — An der folgenden Weggabelung wählen wir die linke Option und laufen auf den **SCHUMELLENSEE** samt Badestelle zu. — Die Tour setzt sich nach rechts fort und führt in einem Bogen wieder hinauf in den Wald und zu einem weiteren Rastplatz mit Bänken. — Hier geht es nach links und über die hölzerne *Fasanenbrücke*. — Auf der anderen Seite wartet die »Baumehe« auf uns: Liebevoll umschlingen sich hier eine Buche und eine Eiche, legen ihre knorrigen Äste umeinander, vermischen das Blattwerk. — Immer rechts gehalten geht es weiter, vorbei an Pferdekoppeln und nochmals durch Wald zurück nach **BOITZENBURG**.

START

Boitzenburg, Dorf

ZIEL

Boitzenburg, Dorf

MARKIERUNG

gelber Punkt / grüner Schrägstrich
»Der kleine Boitzenburger«

AN- UND ABREISE

Boitzenburg ist mit Zug und Bus über Prenzlau zu erreichen. Dieselbe Verbindung führt uns zurück.

TIPP

Die Busse verkehren unregelmässig, deshalb unbedingt früh aufbrechen, damit noch genügend Zeit für Kaffee und Kuchen bleibt. Besser noch: ein ganzes Wochenende in Boitzenburg verbringen.

01 · GUTSHOF KRAATZ
SCHÖNE BIO-FERIENWOHNUNGEN

Das Bauernhaus und die Remise wurden nach ökologischen Kriterien ausgebaut und sehr stilsicher eingerichtet. Sie bieten Platz für sechs bis acht Gäste. Mindestaufenthalt ab zwei Nächte. In der Weinschänke direkt nebenan lässt sich sehr gut speisen.

Schloßstraße 7 · 17291 Nordwestuckermark (OT Kraatz)
WWW.GUTSHOF-KRAATZ.DE

PRATENSIS
WILDPFLANZEN BESTIMMEN, SAMMELN UND GENIESSEN

Auf Exkursionen, beim Kräuterpicknick oder beim 3-Gänge-Menü aus gemeinsam gesammelten Gewächsen erfährt man von Kräuterpädagogin Ulrike Dittmann alles rund ums frische, wilde Grün. Die Veranstaltungen gibt es an verschiedenen Orten in der Uckermark, zum Wildkräuterfrühstück lädt sie beispielsweise auf dem Gutshof Kraatz ein.

WWW.PRATENSIS.DE

KULTURGUT WRECHEN
PENSION IM GÄRTNERINNENHAUS

Nur etwa eine Stunde Fußweg ist es von Fürstenwerder bis zu diesem idyllischen Gutshof. In freundlicher Atmosphäre warten 16 Gästezimmer im denkmalgeschützten Fachwerkhaus von 1838 auf ihre Bewohner. Fürs Frühstück oder bei Vollverpflegung wird mit Zutaten aus dem Garten gekocht.

Gutsweg 15 · 17258 Feldberger Seenlandschaft (OT Wrechen)
WWW.KULTUR-GUT-WRECHEN.DE

BUCHLADEN FÜRSTENWERDER
KAFFEEDUFT
INMITTEN VON BÜCHERN

In gemütlicher Wohnzimmeratmosphäre kann man nach Lieblingsbüchern stöbern und so manch überraschenden Titel entdecken. Auch für eine Tasse frisch gemahlenen Kaffee oder ein Glas Wein lohnt sich der Besuch. Regelmäßig finden Lesungen, Ausstellungen und Vortragsabende statt.

Berliner Straße 4 · 17291 Nordwestuckermark (OT Fürstenwerder)
WWW.BUCHLADEN-FUERSTENWERDER.DE

03

02

GÜNSTIG NÄCHTIGEN MIT SCHLOSSBLICK

Dieses Schloss wirkt im Vergleich zu anderen Brandenburger Herrenhäusern verspielt und märchenhaft. Sein Äußeres wandelte sich im Laufe seiner Baugeschichte mehrfach. Vom 13. bis 16. Jahrhundert diente es als Schutzburg, bis es durch die Familie von Arnim erst zu einem Renaissance-, dann zu einem Barockschloss geformt und schließlich im Stil der Neorenaissance umgebaut wurde. Heute beherbergt es ein Hotel und steht auch Jugendgruppen und Schulklassen offen. Am Wochenende gibt es Führungen. Im weniger romantischen Plattenbau nebenan kann man günstig und auch in größerer Gruppe übernachten — belohnt mit schönem Blick aufs Schloss und Frühstück im Schlosssaal am nächsten Tag.

Templiner Straße 13 · 17268 Boitzenburg
WWW.SCHLOSS-BOITZENBURG.DE

MARSTALL BOITZENBURG
BLECHKUCHEN UND BUTTERCREME

Hier pendelt sich nach einer Wandertour der Energiehaushalt schnell wieder ein — bei Buttercreme- und Sahnetorten. Im traditionellen Ambiente der gut besuchten Konditorei, Schokoladen-Schaumanufaktur und Kaffeerösterei genießt man Süßes, während man sich im Sommer im Hof auch auf eine deftige Grillwurst freuen darf.

Templiner Straße 5 · 17268 Boitzenburg
WWW.MARSTALL-BOITZENBURG.DE

KRÄUTERCAFÉ PARMEN
HAUSGEBACKENES UND KRÄUTERPRODUKTE

Andrea Tietz serviert hausgemachte Kuchen und bietet im Hofladen Tees und andere Kräuterspezialitäten aus eigenem Anbau an.

Am Kiecker 4 · 17291 Nordwestuckermark (OT Parmen)
T 039855 3086

01

UCKERMÄRKISCHE KÜCHE UND ÜBERNACHTEN IM PFERDESTALL

Richtig gut und mit regionalen Produkten wird in diesem hübschen Gasthof gekocht. Ebenso gut lässt es sich hier übernachten, in einem der fünf mit Liebe zum Detail umgebauten Zimmer. Der Gastgeber ist überdies Architekt und führt Baukunstbegeisterte gern zu spannenden Orten in und um Boitzenburg. Bitte Öffnungszeiten und Winterpause beachten.

Templiner Straße 4 · 17268 Boitzenburg
WWW.BOITZENBURGER.DE

MOCCAMILCH EISBAR
EISESSEN MIT SECHZIGERJAHREFLAIR

Wer auf den Bus zurück nach Hause wartet, sollte unbedingt noch Zeit und Hunger für einen Eisbecher einplanen. Im Eiscafé gleich neben der Haltestelle kommt alles aus eigener Produktion, und es wollen so kuriose Sorten wie Rosenblüten- oder Dill-Joghurt-Eis probiert werden.

August-Bebel-Straße 31 · 17268 Boitzenburg
WWW.MOCCAMILCHEIS.DE

18 · 19 · 20

ANREISE MIT ZUG UND (RUF)BUS

Fast all unsere Wanderungen beginnen an Orten, die mit öffentlichen Verkehrsmitteln erreichbar sind. Teils bringt uns die Regionalbahn direkt zum Startpunkt, manchmal ist ein Umsteigen in den Bus erforderlich. Bitte schaut vorab, wann und wie genau die Züge und Busse verkehren und welche Optionen ihr für den Rückweg habt, damit ihr euer Wandertempo und die Länge der Pausen danach ausrichten könnt. Wir recherchieren die An- und Abreise online beim Verkehrsverbund Berlin-Brandenburg (www.vbb.de). In der kostenlosen VBB-App lassen sich auch gleich Tickets per Smartphone lösen. Beachtet jedoch, dass der Handy-Empfang in ländlichen Gegenden oft schwach ist. Wenn man am selben Tag an- und abreist, ist es daher praktisch, gleich das Rückfahrticket oder eine Tageskarte zu lösen. Die Fahrpreise sind entsprechend der Entfernung zu Berlin gestaffelt. Wer eine BahnCard 25 oder BahnCard 50 der Deutschen Bahn besitzt, fährt zum Ermäßigungstarif. In der Gruppe lohnt sich vor allem bei Tagesausflügen oft das Brandenburg-Berlin-Ticket. Es gilt für bis zu fünf Personen, ist aber mitunter schon für drei Personen die günstigste Variante. Wichtig: Schaut in der Verbindungsbeschreibung in der App oder auf der Website auch ins Kleingedruckte! Dort findet sich gerade am Wochenende manchmal ein Verweis darauf, dass eine Buslinie als RufBus verkehrt. Das heißt: Unbedingt vorab telefonisch anmelden, und zwar rechtzeitig zu den angegebenen Zeiten — oft bis zum Tag vor der Reise! Der RufBus fährt nämlich nur nach Bedarf, also wenn er eben »gerufen« wird.

ANREISE MIT DEM AUTO

Natürlich kann man überall auch mit dem Auto anreisen. Das ist vor allem bei Rundtouren bequem, die am selben Punkt beginnen und enden. Parkplätze vor Ort lassen sich online recherchieren. Da wir selbst gerne mit öffentlichen Verkehrsmitteln anreisen und so die Umwelt schonen, haben wir alle Infos und Tipps für die Anreise mit ÖPNV zusammengetragen.

AUSRÜSTUNG: RUCKSACK

Neben den Schuhen ist vor allem die Wahl des Rucksacks von großer Bedeutung. Bequem sollte er sein und gut sitzen — auch hier ist Fachberatung hilfreich. Dazu spielt es eine Rolle, wie man ihn befüllt. Das ist vor allem bei längeren Trekkingtouren entscheidend, wenn mehr als nur Tagesproviant, Pyjama und Badehose herumgetragen wird. Kurz zusammengefasst: Schweres gehört nah an den Körper. Und nur das Nötigste einpacken! Man trägt schließlich alles den ganzen Tag oder sogar das ganze Wochenende auf dem Rücken, und wenn am Abend die Schultern schmerzen, trübt das die schönste Wanderfreude. Freilich gibt es einige Dinge, die wir hilfreich finden und gerne als persönliche Equipment-Empfehlung mit euch teilen möchten. Das Wichtigste zuerst: Die Picknickdecke. Gut, darauf ließe sich zur Not auch verzichten, aber schöner isst es sich eben auf Textil als auf Gras, wo man sich jeden Krümel mit Ameisen teilen muss. Nach dem Essen kann man sich dann ganz bequem nach hinten fallen lassen und in den Himmel schauen. Oder sich nach dem Seebad abtrocknen. Eben — unverzichtbar. Ein Taschenmesser hilft beim Brotschneiden und Käseteilen. Blasenpflaster und ein kleines Erste-Hilfe-Set (inklusive Schmerzmittel) sind empfehlenswert. Zum Navigieren braucht es eine Wanderkarte oder ein Handy, auf dem man die GPS-Tracks lesen kann (→ GPS UND WANDERKARTEN). Weil das viel Akku frisst, am besten auch gleich eine Powerbank und das entsprechende Ladekabel einstecken. Die Erinnerung an schöne Wandererlebnisse lässt sich mit der Handykamera, dem Fotoapparat oder ganz oldschool mit Notizbuch und Stift festhalten. Gaffa Tape hilft immer, wenn irgendwas kaputt geht. Am besten einige

Zentimeter Klebeband auf einen Bleistift wickeln, nicht die ganze Rolle mitnehmen. Wir haben damit schon abfallende Schuhsohlen fixiert. Ein Stück Schnur dient als Helferlein für vieles, beispielsweise als Wäscheleine zum Trocknen von verschwitzter Kleidung oder Badeklamotten. Eine Regenjacke mitzuführen ist meistens empfehlenswert, es sei denn, der Wetterbericht sagt zuverlässig Trockenheit voraus. Eine Stirnlampe kann beruhigend sein, wenn man trotz sorgfältiger Planung doch noch die letzten Meter im Dunkeln durch den Wald gehen muss oder am Straßenrand von Autos rechtzeitig gesehen werden will. Im Sommer dürfen außerdem Sonnenschutz und -brille, Mücken- und Zeckenschutz und ein Reisehandtuch zum Abtrocknen nicht fehlen. Wer sich nicht traut, es den Brandenburgern gleich zu tun und nackt in den See zu springen, nimmt Badekleidung mit. Im Winter sollte, wer in die Sauna geht, an Badeschlappen denken und an Handtücher. Die lassen sich allerdings meist auch gegen Aufpreis vor Ort ausleihen. Unverzichtbar ist außerdem: ausreichend köstlicher Proviant.

AUSRÜSTUNG: SCHUHWERK

Über Wanderschuhe könnte man viel schreiben. Am Ende gilt eines: Sie sollten passen. Das richtige Modell in der richtigen Größe zu finden erfordert manchmal eine schier endlose Suche, die man mit guter Fachberatung abkürzen kann. Schuhe kauft man am besten abends, wenn die Füße vom Tag angeschwollen sind. Ausreichend Platz bei den Zehen ist wichtig, damit die bergab nicht vorne anstoßen. Und: Neue Schuhe wollen vor der ersten Tour ausgiebig zu Hause eingelaufen werden! Für das Brandenburger Gelände braucht es in der warmen Jahreszeit keine professionellen Schuhmodelle, oft reichen bequeme Turnschuhe oder sogar Wandersandalen aus. Wir wandern gerne auch Abschnitte barfuß, einige sandige Wege bieten sich dazu herrlich an. Im Winter allerdings sind wasserdichte, wärmende Schuhe wichtig, die etwas höher geschnitten sind. Richtige Wanderstiefel sind oft schwer, schützen aber auch vor Umknicken, Schmutz und Wasser und lassen einen sorgenfrei über Stock, Stein und Pfütze schreiten. Am besten im Laden, zu Hause und auf kürzeren Strecken einfach austesten, was dem eigenen Fuß gut tut, bevor es auf die 20-Kilometer-Tour geht.

Um Blasen und Druckstellen vorzubeugen, gibt es einige Tipps: Faltenfrei sitzende Funktionssocken sind neben den passenden Schuhen das A und O. In den Pausen ruhig die Schuhe kurz ausziehen und die Füße auslüften und trocknen lassen. Wer mag, kann die Füße vor einer langen Wanderung mit Hirschtalg geschmeidig halten — regelmäßig eingefettet, werden die Füße weniger blasenanfällig. Auch Tape schützt Stellen, an denen die Schuhe sonst drücken oder scheuern. Dieses sollte aber schon vor Beginn der Wanderung angebracht werden. Entsteht doch eine Blase, hilft das teure, aber bewährte Blasenpflaster. Am besten immer eines in der Ausrüstung mitführen. Oder besser noch zwei — zum Teilen mit Wandergefährten.

EINSCHÄTZEN DER WANDERZEIT

Das Berliner Umland ist generell flach, und seine wenigen Steigungen lassen sich gut bewältigen. Daher sind Wanderungen in Brandenburg technisch nicht besonders anspruchsvoll und bestens geeignet auch für unerfahrene Wandervögel. Einzig die Länge der Strecke bestimmt, ob sie mehr oder weniger Kondition erfordert. Es gibt daher bei uns keine Schwierigkeitsgrade, schätzt das bitte nach der Anzahl der Kilometer für euer Fitnesslevel ein. Für Einsteiger empfehlen sich Touren um die 10 bis 15 Kilometer, 20 Kilometer sind mit ausreichend Pausen auch zu bewältigen — am nächsten Tag grüßt eventuell der Muskelkater. Wer gerne früh aufsteht, Wandererfahrung hat und ausdauernd unterwegs ist, kann an einem (Sommer-) Tag auf jeden Fall auch 30 Kilometer oder mehr schaffen. Bei gemütlichem Gehen auf flachem Gelände ist man mit einer Geschwindigkeit von 3 bis 4 km/h unterwegs, schnelleren Schrittes schafft man 5 bis 6 km/h. Gehen wir von einer Geschwindigkeit von 4 km/h (Durchschnitt laut dem Deutschen Alpenverein (DAV)) aus, braucht man für einen Kilometer rund 15 Minuten. In der Gruppe ist man meistens etwas langsamer unterwegs, ebenso, wenn man viele Fotos schießt. Berechnet bei der Planung der Wanderung auf jeden Fall auch die Pausen mit ein. Schließlich will in Ruhe das Picknick verspeist, einer Libelle nachgeschaut oder ein See durchschwommen werden. Als Erfahrungswert rechnen wir mit einer halben Stunde Pause etwa alle zwei Stunden. Einsteiger zeichnen einfach mal eine

Wanderung mit einer App wie KOMOOT oder OUTDOOR ACTIVE auf, um am Ende einen guten Überblick über Wandergeschwindigkeit, Pausendauer und Ähnliches zu bekommen. Wichtig ist, bei der Planung einer Wanderung und der Gehzeit immer auch die Jahreszeit und den Einbruch der Dunkelheit im Blick zu behalten. Im Winter wird es einfach früh dunkel und es ist nicht jedermanns Sache, nachts durch den Wald zu laufen. Deshalb in diesen Monaten am besten früher aufbrechen oder kürzere Strecken wählen. Und bei der Planung immer den letzten Bus oder Zug für den Rückweg im Blick behalten.

GPS UND WANDERKARTEN

In unserem Buch gibt es keine detaillierten Wanderkarten. Dafür steht für jede unserer Touren auf www.milchundmoos.de/tracks (Passwort: floraundfauna) ein passender GPS-Track zur Verfügung, der begleitend zum Beschreibungstext heruntergeladen und zur Navigation benutzt werden sollte. Das Ganze ist relativ einfach: Den entsprechenden Track auswählen und am besten noch zu Hause vor dem Ausflug direkt auf dem Smartphone speichern (unterwegs ist die Internetverbindung oftmals nicht ausreichend für den Download). Dann die GPS-Daten mit einer passenden App öffnen. In manchen Anwendungen lassen sich vorab bestimmte Kartenausschnitte speichern und offline lesbar machen. Wer lieber mit Papier navigiert, sollte sich eine entsprechende Wanderkarte im Maßstab 1:50.000 besorgen. Wir versuchen, so selten wie möglich das Telefon beim Wandern in der Hand zu halten, finden aber die Navigation damit sehr komfortabel — und sei es nur, um Unklarheiten beim Blick auf die analoge Karte zu beseitigen. Weil die Benutzung natürlich Strom kostet, empfiehlt es sich, an eine Powerbank zu denken.

JAHRESZEIT

Das Schönste am Sommer ist der Sommer. Außerdem sind die Tage lang, so dass die Touren ebenfalls länger sein dürfen. Wir starten gerne früh, damit wir möglichst viel vom Tag haben

und lange Badepausen einlegen können. In den warmen Monaten herrscht auch touristische Hochzeit. Brandenburgs Wanderstrecken bleiben aber entspannt, man wird nur manchmal auf andere Wanderer treffen. Die Busse fahren häufiger, mancherorts gibt es extra saisonale Ausflugslinien. Die Unterkünfte wollen im Sommer rechtzeitig reserviert werden und es gilt, sich ausreichend vor Mücken, Zecken und Sonne zu schützen. Und unbedingt genügend Trinkwasser mitnehmen! Im Frühjahr ist es toll, zu beobachten, was alles grünt und blüht, während der Herbst mit Laubfärbung und saftigem Obst am Wegesrand und in den Hofläden aufwartet. Auch der Winter ist eine reizvolle Wanderzeit, das wissen nur nicht so viele. Der Blick wird geschult für Details wie leuchtende Flechten und bizarre Pflanzenskelette, für die Weite der Landschaft und ihre Stille. Und selbst bei graubedecktem Himmel freuen sich Geist und Körper über Bewegung und ganz viel frische Luft. Also raus mit euch, auch wenn's kalt und ungemütlich scheint! Wer im Winter wandert, sollte auf jeden Fall die Uhr im Blick haben: Es wird früher dunkel, die Wanderung sollte deshalb nicht zu lang sein. Den Zeitpunkt des Sonnenuntergangs kann man vorab online rausfinden. Eine Stirnlampe einzustecken ist sicherlich beruhigend. Tee hilft gegen die Kälte, und gemütlicher verweilt es sich beim Picknick, wenn man Thermo-Sitzunterlagen dabei hat. Bei der Streckenplanung sollte man beachten, dass die öffentlichen Verkehrsmittel im Winter teils seltener und auf manchen Linien gar nicht verkehren, bitte vorab immer prüfen. Wir haben unsere Wintertouren meist so gestaltet, dass ihr euch abends in einer Sauna wieder aufwärmen könnt. Das Saunieren nach dem Wandern ist für uns einer der Hauptgründe, sich in die Kälte zu wagen. So freut man sich die ganzen Kilometer bis zum Ziel schon auf diesen herrlichen Tagesabschluss.

PROVIANT ...

Eigentlich kommt immer ein tolles Picknick heraus, wenn jeder etwas beisteuert und alles gemeinsam geteilt wird. Vorab aber unbedingt klären, wer Brot einsteckt, damit das auf jeden Fall in ausreichender Menge vorhanden ist. Und dann einfach von allen mitgebrachten Leckereien überraschen lassen. Wasser sollte jeder ausreichend für sich selbst mitnehmen. Im Sommer wandern wir mit mindestens zwei Litern pro Person. Im Winter ersetzen wir eine Wasserflasche durch wärmenden Tee. Besonders toll ist es natürlich, wenn man bei Produzenten vor Ort wie unseren vorgestellten Manufakturen leckeren Proviant kaufen kann. Perfekt dafür ist TOUR 13, wo der Hofladen Marienhöhe am Beginn der Wanderstrecke liegt und man dort sein gesamtes Picknick zusammenstellen kann. Bei anderen Touren lässt sich der mitgebrachte Proviant unterwegs mit regionalen Produkten aufstocken. Wer nicht so viel mitnehmen mag, kann fast immer auch gut unterwegs einkehren. Zum Beispiel auf einen Ziegenkäse-Teller beim Capriolenhof (TOUR 15). Allerdings gilt es, vorab nach Einkehrmöglichkeiten entlang der Strecke zu schauen und sicherheitshalber die Öffnungszeiten zu checken! Denkt zudem an Snacks wie Nüsse oder Äpfel. Auch ein Stück Schokolade hilft ... bei Wandertiefs, Unterzuckerung und zur Stimmungsaufhellung bei Regenschauern. Verstaut den Proviant am besten in dicht schließenden Brotboxen, verzichtet auf Alu- und Frischhaltefolie und probiert stattdessen wiederverwendbare Bienenwachstücher aus. Dass alle Verpackungen nicht in den Wald, sondern wieder in den Rucksack gehören und zu Hause entsorgt werden, ist eh klar. Wer mag, nimmt dafür einen Beutel mit.

... AM WEGESRAND

Brandenburg ist voller alter Obstbaumalleen. Wer davon nascht oder sogar für den Apfelkuchen zu Hause größere Mengen sammeln möchte, sollte zuallererst die Eigentumsrechte beachten. Und dann ganz behutsam pflücken, ohne den Baum zu beschädigen. Einen tollen Überblick zum Thema mit vielen verzeichneten Standorten bietet www.mundraub.org. Dort könnt ihr im Detail die Pflückregeln nachlesen und eigene Entdeckungen teilen. Neben Baumobst gibt es viele weitere kulinarische Schätze zu entdecken. Heidelbeeren wachsen zwischen Kiefern, Pilze schießen vor allem im Herbst aus dem Boden und Wildkräuter gedeihen so gut wie überall und fast zu jeder Jahreszeit: Im März kommt wilder Schnittlauch auf die Käsestulle, im Sommer Gänseblümchen aufs Butterbrot. Bei allem, was man sammelt und isst, gilt allerdings: Man sollte Ahnung haben und sicherstellen, dass es sich nicht um giftige Pflanzen handelt. Und im Zweifelsfall das Gewächs lieber stehen lassen. Wer sich beim Ernten sicher werden will, dem empfehlen wir zum Beispiel eine Kräuterwanderung, bei der eine Wildkräuter-Expertin in die Welt der essbaren Pflanzen einführt (→ S. 51, 204). Danach kann dann beherzter zugebissen werden.

TIERE, LÄSTIG

Lange Kleidung schützt am besten vor Insektenstichen. Gerade in der Nähe von stehenden Gewässern und zur Dämmerung sind Mücken aktiv. Es empfiehlt sich aus unserer Sicht, zusätzlich ein Repellent griffbereit zu haben und bei Bedarf aufzusprühen. Zecken können Krankheitserreger wie Borreliose oder Frühsommer-Meningoenzephalitis (FSME) übertragen. Da Brandenburg derzeit nicht zu den FSME-Risikogebieten zählt, ist es hierzulande sehr unwahrscheinlich, durch eine Zecke mit dem Virus infiziert zu werden. Allerdings besteht durchaus die Gefahr, von einer mit Borrelien infizierten Zecke gestochen zu werden — man sollte sich deshalb von vornherein vor ihnen schützen. Die kleinen Spinnentiere werden ab Temperaturen von 8 Grad Celsius aktiv, man muss also von Frühjahr bis Herbst mit ihnen rechnen. Sie sitzen meist im langen Gras, im Unterholz oder auf Büschen. Wenn ein Mensch oder Tier vorbei kommt und sie abstreift, halten sie sich fest. Dann suchen sie nach einer geeigneten, geschützten Stelle am Körper, beim Menschen etwa dem Haaransatz, Achseln oder Kniekehle, stechen zu und beginnen Blut zu saugen. Nach jedem Aufenthalt in der Natur gilt es also, sich gründlich nach Zecken abzusuchen! Entdeckt man eine Zecke, sollte man sie sofort entfernen, um das Risiko einer Krankheitsübertragung zu minimieren, denn nach dem Einstich dauert es ein bis zwei Tage, bis Borrelien übertragen werden. Zum Entfernen nutzt man am besten eine Pinzette und zieht die Zecke direkt an der Hautoberfläche, also an ihren Mundwerkzeugen, gerade heraus. Die Einstichstelle sollte man über die nächsten Tage und Wochen beobachten und bei einer andauernden und sich ausbreitenden Hautrötung einen Arzt aufsuchen. Weitere Informationen findet ihr auf den Seiten des Robert Koch Instituts (www.rki.de).

TIERE, WILD

Seit der Jahrtausendwende ist der Wolf zurück in Deutschland und steht unter Schutz. Bekommt man einen Wolf zu Gesicht, ist das eine Seltenheit, es sind scheue Tiere, die dem Menschen normalerweise ausweichen, bevor sie bemerkt werden. Jungtiere sind eventuell weniger scheu oder kommen sogar neugierig näher. Menschen in Fahrzeugen erkennen Wölfe nicht und haben daher keinerlei Scheu. Wenn ihr zu Fuß einem Wolf begegnet, solltet ihr euch zuallererst ruhig verhalten und nicht davonrennen. Haltet Abstand, lockt den Wolf nicht an und bedrängt ihn nicht. Foto knipsen nicht vergessen! Sollte der Wolf sich nicht zurückziehen und ihr euch unwohl fühlen, behaltet ihn im Auge, aber starrt ihn nicht an. Macht euch groß und macht euch durch Reden, Händeklatschen oder Rufen bemerkbar. Geht dann langsam weiter. Falls das Tier wider Erwarten folgt, bleibt stehen und macht Lärm. Solltet ihr ein besonders zutrauliches Exemplar beobachten, informiert bitte die Naturschutzbehörde des Landkreises oder das Landesamt für Umwelt. Dort wird dann geprüft, ob ein problematisches Wolfsverhalten vorliegt. Weitere Informationen gibt es unter www.lfu.brandenburg.de/info/wolf. Wahrscheinlicher, als einem Wolf zu begegnen, ist es in Brandenburg auf ein Wildschwein zu treffen. Gerade in Stadtnähe sind diese Tiere an den Menschen gewöhnt und wenig scheu. Vor allem im Frühjahr kann ein Aufeinandertreffen gefährlich werden, dann haben die Bachen Nachwuchs, den sie verteidigen. Man sollte sich unbedingt von Frischlingen fern halten, die Mutter ist niemals weit weg. Um auf sich aufmerksam zu machen und den Tieren die Möglichkeit zu geben sich zurückzuziehen, sollte man sich laut unterhalten oder singen. Steht man dennoch überraschend einer Sau oder einem Keiler gegenüber, gilt es, ruhig zu bleiben, sich langsam zurückzuziehen und den Weg für die Tiere frei zu machen. Wildschweine sind wehrhafte Tiere und besitzen messerscharfe Eckzähne, mit denen sie einen Menschen schwer verletzen können. Wenn sie sich nicht bedroht fühlen, werden sie jedoch nicht angreifen, sondern sich weg bewegen. Es kann passieren, dass Wildschweine versehentlich auf einen Menschen zulaufen, sie können den Menschen in einer Gefahrensituation zwar riechen und hören, haben aber schlechte Augen und kön-

nen vielleicht nicht einordnen, von wo die Gefahr kommt. In einer solchen Situation hilft es, zu klatschen und laut zu rufen.

ÜBERNACHTEN

Wer unseren Ausflugsempfehlungen folgt und nicht nur einen Tag, sondern ein ganzes Wochenende in der Natur verbringt, braucht eine Unterkunft. Davon gibt es viele in Brandenburg — darunter viele sehr schöne. Wir haben in unseren Tipps ein paar Gastgeber ausgewählt, die uns besonders zauberhaft, kurios, günstig oder stilvoll scheinen. Natürlich könnt ihr auf den Touren woanders übernachten. Wir empfehlen auf jeden Fall, rechtzeitig nach einem Bett Ausschau zu halten und vorab zu reservieren. In der Sommersaison sind viele Unterkünfte tatsächlich bereits einige Zeit im Voraus ausgebucht, vor allem natürlich an Feiertagen. Beachtet auch, dass manche Unterkünfte nur ab einem gewissen Mindestaufenthalt buchbar sind. Manchmal lohnt es sich aber, nachzufragen — oft ist in Buchungslücken oder in der Nebensaison auch ein kürzerer Aufenthalt möglich. Oder einfach das Wochenende verlängern. Wer gerne mit Zelt wandert, findet auch viele schöne Campingplätze am Wegesrand, oftmals direkt am Wasser. Wildcampen ist in Brandenburg nicht erlaubt. Und weil wir das bei den vielen Naturschutzgebieten verstehen, halten wir uns dran.

UNTERWEGS MIT KINDERN

Wir beide sind schon sehr früh von unseren Eltern in die Natur geschleppt worden — und es hat uns nicht geschadet. Ganz im Gegenteil. Einen großen Teil unserer Naturverbundenheit und Wanderleidenschaft führen wir darauf zurück. Für Kinder gibt es so viel zu entdecken da draußen. Biberbauten, schillernde Mistkäfer, Blumen und Blindschleichen. Wer mit Kindern unterwegs ist, sollte beachten, diese — und sich selbst — nicht mit zu langen Touren zu überfordern und ausreichend Zeit für Pausen und Erkundungen abseits des Weges einzuplanen. Grob über den Daumen gepeilt braucht man mit Kindern für eine Tour doppelt so lang. Im Vorschulalter sollte man nicht länger als

4 Stunden gehen. Viele unserer Touren sind damit leider zu lang für Wanderungen mit Kindern, aber möglicherweise findet sich ja eine gute Abkürzung oder man steuert direkt vom Parkplatz aus eine Sehenswürdigkeit an. TOUR 20 rund um Boitzenburg lässt sich zum Beispiel prima auf 5 Kilometer verkürzen und ist somit gut geeignet für kleine Wanderer. Dort gibt es außerdem ein tolles Schloss und einen kleinen Streichelzoo.

UNTERWEGS MIT
ANDEREN FORTBEWEGUNGSMITTELN

Unsere Streckenempfehlungen beziehen sich ausschließlich aufs Wandern zu Fuß. In Ausnahmefällen können Wanderwege gut ausgebaut, breit und eben genug sein, um sie mit dem Fahrrad, dem Rollstuhl und mit Kinderwagen befahren zu können. Generell sind sie es aber nicht. Schmale Pfade am See, Waldwege auf Sandboden und wellige Trampelpfade durch das Gehölz eignen sich wirklich nur zum Laufen.

UNWETTER

Wahrscheinlich kennt ihr die Rechenübung, mit der man bestimmen kann, wie weit ein Gewitter entfernt ist: Zählt man die Sekunden zwischen Blitz und Donner und teilt diese Zahl durch drei, so weiß man, wie viele Kilometer noch zwischen einem selbst und dem Unwetter liegen. Auf alle Fälle sollte man Schutz suchen. Beträgt der Abstand zwischen Blitz und Donner drei Sekunden oder weniger, ist das Gewitter in unmittelbarer Nähe. Da der Blitz immer in den höchsten Gegenstand in der Umgebung einschlägt, sollte man schauen, dass man sich nicht auf einer Anhöhe befindet oder auf offener Fläche selbst den höchsten Punkt bildet. Der Verband für Elektrotechnik (www.vor-blitzen-schuetzen.eu/de) empfiehlt, sich auf ungeschütztem Gelände in eine Mulde zu hocken und die Füße zu schließen. Zu anderen Personen sollte man einen Abstand von einem, besser drei Metern halten. Schutz bieten Gebäude mit Blitzableiter, Autos oder andere Metallkabinen. Außerdem ist man in der Nähe von Metallmasten mit über drei Metern Höhe

relativ sicher. Allerdings sollte man zu diesen und anderen einschlaggefährdeten Objekten wie freistehenden Bäumen, Waldrändern, Bergspitzen etc. einen Abstand von zehn Metern halten, hier besteht die Gefahr eines Überschlags. Im Inneren des Waldes mit gleichmäßig hohem Baumbestand ist die Gefahr geringer, auch hier sind zehn Meter Abstand zu allen Bäumen ideal. In Holzhütten oder Scheunen aus Holz besteht Lebensgefahr, besser draußen das Gewitter abwarten. In teilweise offenen Unterständen aus Metall wie Wartehäuschen am besten in die Mitte der offenen Seite gehen, möglichst weit weg von den Wänden. Bei Sturm sollten Wanderungen in Waldgebieten grundsätzlich vermieden werden — zu groß ist die Gefahr, von einem herunterfallenden Ast getroffen und verletzt zu werden. Auch nach einem Sturm können noch jede Menge Äste oder sogar Bäume auf den Wegen liegen, am besten vorab in der Touristinformation anfragen.

WISSENSWERTES ÜBER ...

DIE AUTORINNEN

THERESA WISSMANN ist fasziniert von Begegnungen mit Menschen. Für »Milch & Moos« schreibt sie Erlebnisse und Gespräche auf und macht sie zu Geschichten. Eigentlich ist sie Kunsthistorikerin, aber in den letzten Jahren hat sie beruflich viel mehr für die Vermarktung guter Lebensmittel getan als für die Kunst. Sie taucht mit Begeisterung in neue Interessengebiete ein und erobert sich unbekanntes Terrain. Von einem Dorf in der Lüneburger Heide zog es sie nach Berlin und immer, wenn die Abenteuerlust sie kitzelt, geht es auf Entdeckungstour raus in die Welt.

SINA SCHWARZ ist im Süden Deutschlands aufgewachsen und nun in der Hauptstadt als Kommunikationsdesignerin und Art Direktorin tätig, wo sie sich am liebsten mit Wissenschaftskommunikation und der visuellen Vermittlung komplexer Themen beschäftigt. Gestaltung und Fotografie des Blogs und dieses Buches liegen in ihren Händen. Zwischen den Wochenenden im Freien überbrückt sie die Zeit am liebsten mit dem Lesen und Sammeln von Büchern über die Natur und dem Austüfteln neuer Wandertouren.

WIR FREUEN UNS ÜBER
EUER FEEDBACK AN
HALLO@MILCHUNDMOOS.DE

TEILT EURE
WANDERERLEBNISSE UND FOTOS MIT
#MILCHUNDMOOS

WWW.MILCHUNDMOOS.DE

WIR DANKEN

Ein großes Dankeschön gilt unseren Familien und besonders unseren Eltern Ilona, Hollu, Karla und Ramon, die uns das Draußensein und Wandern nahegebracht haben. Danke, dass ihr hinter uns steht.

Danke an den Verlag terra press für die vertrauensvolle und offene Zusammenarbeit und die Möglichkeit, mit euch unser Herzensprojekt umzusetzen. Rita hat auf besondere Weise am Buch mitgewirkt, sie hat das Projekt inspiriert und uns im Entstehungsprozess über Stock und Stein begleitet. Katharina und Martina haben wohlwollend Ideen hinterfragt und in Bahnen gelenkt sowie mit großem Geschick und unermüdlichem Einsatz Texte geprüft, korrigiert und geschliffen.

Wir danken allen Herstellern im Buch, die uns vertrauensvoll begegnet sind, ihre Türen geöffnet und von sich erzählt haben.

Und wir danken unseren Freunden und Bekannten, die uns mit wertvollem Feedback bei der Konzeption des Buches und als Testwanderer unterstützt haben: Alicja, Anette, Anna-Lena, Edi, Elisabeth, Eva, Fabio, Henrike, Johanna, Julia, Katharina, Kathrin, Manuel, Margret, Maria, Mathilda, Nadine, Nina, Olivia, Rune, Shahin, Silvia, Trixi und Uschi. Besonderen Dank auch Richard, der mit seinem guten Auge geholfen hat, die Fotografien im besten Licht erscheinen zu lassen. Und an Helge, der sich so viel Zeit genommen und uns mit seiner Erfahrung zur Seite gestanden hat.

Schließlich wäre dieses Buch nie zustande gekommen ohne unsere Leser, die unserem Blog folgen und uns damit bestätigen, dass nicht nur wir gern wandern und genießen. Danke!

IMPRESSUM

MILCH & MOOS

VOM WANDERN UND GUTEN ESSEN. BRANDENBURG

ERSCHIENEN BEI

Edition Terra, einer Marke der terra press GmbH. Alle Rechte vorbehalten. Dieses Werk sowie seine einzelnen Teile sind urheberrechtlich geschützt. Jede Verwertung in anderen als den gesetzlich zugelassenen Fällen ist ohne vorherige Zustimmung des Verlages nicht zulässig.

© terra press GmbH · Albrechtstraße 18 · 10117 Berlin

www.terra-press.de

5. aktualisierte Auflage 2023

ISBN: 978-3-942917-46-9

Druck: Druckteam Berlin

Die Deutsche Bibliothek verzeichnet diese Publikation in der Deutschen Nationalbibliografie; detaillierte bibliografische Daten sind im Internet unter http://dnb.d-nb.de abrufbar.

Alle Angaben in diesem Buch wurden nach bestem Wissen recherchiert. Sollten sich dennoch Fehler eingeschlichen haben, bedankt sich der Verlag für jeden Hinweis.

Die Autorinnen haben von den Produzenten und Anbietern keinerlei Gegenleistungen für die Vorstellung in diesem Buch erhalten.

Aus Gründen der Lesbarkeit gendern wir nicht, möchten aber, dass sich jeder (M/W/D) angesprochen fühlt und Spaß mit unseren Empfehlungen hat.

KONZEPT UND INHALT

Sina Schwarz, Theresa Wißmann
(www.milchundmoos.de)
terra press GmbH

TEXT

Theresa Wißmann

GESTALTUNG · FOTOGRAFIEN · ILLUSTRATION

© Sina Schwarz

LEKTORAT

Martina Göttsching, terra press GmbH

© FOTOGRAFIEN EXTERN (TIPPS)

S. 20: Portrait: Nina Ebert / S. 50 f.: Burg: Thomas Piechota · Coconat Gebäude: Tilman Vogler (www.tilmanvogler.com) · Coconat Zelt: Coconat / S. 71: Rote Scheune: Thomas Heimann / S. 114 f.: Insl Seepanorama: Oliver Basch · Tiny Houses: Andreas Heine / S. 136: Kulturpark Stolpe: Sven Hagolani / S. 160 f.: Alte Schule: Alte Schule · Satama Spa: Beate Wätzel / S. 182 f.: Re:Hof: Sylvia Pollex · Bootschaft: Carsten Wetzel · Kunstpause: Peter van Heesen / S. 216: Portrait: Maria Dolecek

Dieses Buch wurde auf FSC®-zertifiziertem Papier gedruckt. FSC (Forest Stewardship Council®) ist eine nichtstaatliche, gemeinnützige Organisation, die sich für eine ökologische und sozialverantwortliche Nutzung der Wälder unserer Erde einsetzt.

Mancher Umweg
ist keiner.

|

EMIL GÖTT